Marie-Luise Heuser-Keßler · Die Produktivität der Natur

ERFAHRUNG UND DENKEN

Schriften zur Förderung der Beziehungen zwischen Philosophie und Einzelwissenschaften

Band 69

Die Produktivität der Natur

Schellings Naturphilosophie und das neue Paradigma
der Selbstorganisation in den Naturwissenschaften

Von

Dr. Marie-Luise Heuser-Keßler

DUNCKER & HUMBLOT / BERLIN

CIP-Kurztitelaufnahme der Deutschen Bibliothek

Heuser-Keßler, Marie-Luise:
Die Produktivität der Natur: Schellings Naturphilosophie u. d. neue Paradigma d. Selbstorganisation in d. Naturwiss. / von Marie-Luise Heuser-
Keßler. — Berlin: Duncker und Humblot, 1986.
    (Erfahrung und Denken; Bd. 69)
    ISBN 3-428-06079-2

NE: GT

D 61

Alle Rechte vorbehalten
© 1986 Duncker & Humblot GmbH, Berlin 41
Satz: Werksatz Marschall, Berlin 45; Druck: Werner Hildebrand, Berlin 65
Printed in Germany
ISBN 3-428-06079-2

Für meine Töchter
Helene und Johanna

Vorwort

Die vorliegende Arbeit wurde 1981 geschrieben. Seither sind eine Menge neuer Ergebnisse sowohl von seiten der Schelling-Forschung als auch von seiten der Selbstorganisationsphysik publiziert worden. Das zentrale Anliegen meiner Arbeit — Schellings Naturphilosophie mit dem neuen Paradigma der Selbstorganisation in Beziehung zu setzen und damit sowohl Schellings Naturphilosophie neu lesbar zu machen als auch die Schwierigkeiten in der Theoriebildung gegenwärtiger Selbstorganisationsphysik überwinden zu helfen — wurde von diesen neuen Forschungsergebnissen jedoch nicht berührt. Daher habe ich die Arbeit, so wie sie 1981 fertiggestellt und als Dissertation von der Universität Düsseldorf angenommen wurde, belassen und die nach 1981 erschienene Literatur, wo es unbedingt nötig schien, nachträglich eingearbeitet.

Als ich 1980 erstmals mit Schelling in Berührung kam, hatte ich mich bereits mehrere Jahre im Rahmen meines Physik-Studiums mit physikalischen Selbstordnungsphänomenen beschäftigt. Ich war sehr überrascht, in Schellings Werken teilweise wörtliche Vorwegnahmen des Paradigmas der Selbstorganisation zu finden. Da mir die Konzeptionen Schellings umfassender und tiefgründiger zu sein schienen, war meine Arbeit primär von dem Interesse geleitet, sie für die gegenwärtige Grundlagenforschung fruchtbar zu machen — ganz im Sinne Schellings, der die heuristische Funktion seiner „speculativen Physik" betonte und in ihr „die Mutter aller großen Entdeckungen in der Natur"* sah.

Im Verlauf der Arbeit stellte ich fest, daß insbesondere Prigogine durch eine philosophische Problemstellung zu seinem Forschungsprojekt inspiriert wurde. Die Rolle der Philosophie bei der Genese neuer Paradigmen ist bisher in der Wissenschaftstheorie nicht genügend berücksichtigt worden.

Die vorliegende Arbeit ist ein Entwurf geblieben, der noch weiterer Ausarbeitung bedarf. Insbesondere die Kritik gegenwärtiger Modelle der Selbstorganisation sowie die Anwendung Schellingscher Kategorien auf diese müssen weitergeführt werden und mehr ins Detail gehen. Zur Anregung der Diskussion wollte ich jedoch jetzt schon die Beziehungen, die zwischen Schellings Naturphilosophie und dem neuen Paradigma bestehen, der Öffentlichkeit bekanntgeben.

---

* F. W. J. Schelling, Einleitung zu dem Entwurf eines Systems der Naturphilosophie oder über den Begriff der speculativen Physik und die innere Organisation eines Systems dieser Wissenschaft, 1799, III 280.

Manfred Eigen danke ich für die wertvollen Anregungen und für die Aufmunterung, mein Projekt fortzusetzen; meinen Referenten Wolfram Hogrebe und Alois Huning für die Unterstützung, die sie mir auch in einer schwierigen Phase gewährten. Ihnen und Alwin Diemer ist die Veröffentlichung dieser Arbeit zu verdanken. Meinem Freund, dem Physiker Rainer Scharf, bin ich für die vielen Gespräche, die wir miteinander führten, herzlich verbunden. Mein Dank gilt auch dem Verlag, insbesondere Herrn D. H. Kuchta, für die freundliche Mitarbeit.

Marie-Luise Heuser-Keßler

Inhaltsverzeichnis

Einleitung

In der Physik vollzieht sich eine neue, über die Quantenmechanik und die Relativitätstheorie hinausgehende wissenschaftliche Revolution. Nahm man bisher an, daß die leblose Natur ewigen, unveränderlichen Gesetzen unterliegt, entdeckt man nun, daß auch die anorganische Materie sich selbst zu komplexeren Strukturen mit neuartigen Gesetzmäßigkeiten organisieren kann. Die Produktivität der Natur rückt in das Zentrum des Forschungsinteresses. Einer der Begründer der Selbstorganisationsforschung, Ilya Prigogine, vergleicht die Entstehung der neuen Sichtweise mit der Renaissance des 15./16. Jahrhunderts, als erstmals die Naturwissenschaften entwickelt wurden.*

Die Historisierung der physikalischen Natur und das neue Verständnis auto-generativer Strukturbildungen wirkte sich auch auf andere wissenschaftliche Disziplinen aus. Mit beachtlichem Tempo hat sich die Idee der Selbstorganisation auf fast alle natur- und geisteswissenschaftlichen Fächer ausgebreitet und prägt nun als Paradigma die Blick- und Denkrichtung vieler Wissenschaftler. Durch die neue Fragestellung angeregt, wurden eine ganze Reihe bisher unerforschter Entstehungsprozesse untersucht und bereits bekannte unter einem anderen Blickwinkel erforscht. Die Veröffentlichungen zum Thema Strukturbildung sind exponentiell angestiegen.

Die theoretische Durchdringung sich selbst organisierender Prozesse stößt jedoch an prinzipielle Grenzen der traditionellen Erklärungsmodelle der Physik. Weder mit deterministischen, noch mit stochastischen Methoden lassen sich die neuen Forschungsobjekte erfassen. Die herkömmlichen Begriffe von Raum und Zeit, Zufall und Notwendigkeit, Prozeß und Struktur usw. werden hinterfragt. Es wundert daher nicht, daß sich die Naturwissenschaftler der Philosophie zuwenden, um ein neues Begriffssystem entwickeln zu können. Insbesondere die beiden Initiatoren des neuen Paradigmas der Selbstorganisation, der Physikochemiker I. Prigogine und der Physiker H. Haken haben in ihren jüngsten Veröffentlichungen versucht, ihre neuen Entdeckungen philosophisch zu interpretieren und neue Denkmöglichkeiten aufzuzeigen.

In diesem Zusammenhang wird die Naturphilosophie F. W. J. Schellings aktuell, in der bereits um 1800 die Idee der Selbstorganisation entwickelt und

---

* I. Prigogine, Vom Sein zum Werden. Zeit und Komplexität in den Naturwissenschaften, München/Zürich 1979, S. 12 f.

zum zentralen Ausgangspunkt der Naturforschung erhoben wurde. Das
Paradigma der Selbstorganisation ist keine Erfindung der modernen Physik;
dies ist wohl eines der überraschendsten Ergebnisse der vorliegenden Arbeit.

Eine Beschäftigung mit Schelling ist nicht nur von philosophie-histo-
rischem Interesse. Seine Ideen lassen sich zudem auf die Theoriebildung
der heutigen Selbstorganisationsforschung fruchtbringend anwenden. Sie
können als Folie dienen, um die Grenzen der modernen Theorieansätze
präziser zu bestimmen als es bisher geschehen ist. Die Klärung von theoretischen Schwierigkeiten ist oft bereits ein erster Schritt zu ihrer Lösung. Zu
diesem Zweck wurden zwei Theorieansätze eingehender behandelt: die
Nichtgleichgewichtsthermodynamik dissipativer Strukturen, die von I. Prigogine begründet wurde, und die Synergetik H. Hakens. Beide Forscher
haben unabhängig voneinander in verschiedenen Fachrichtungen die Selbstordnungsphänomene entdeckt und unterschiedliche Erklärungsmodelle
entwickelt.

Den Hintergrund dieser Arbeit bildet die Frage, ob eine Philosophie der
Natur wesentliches zur Entwicklung der Naturwissenschaften beitragen
kann. Der Hauptakzent wurde daher auf die Untersuchung der naturwissenschaftlichen Relevanz der Schellingschen Philosophie gelegt. Es wäre einer
weiteren Untersuchung wert, wie das Verhältnis von Mensch und Natur auf
der Basis des Paradigmas der Selbstorganisation bestimmt werden könnte.
Die Beantwortung dieser Frage war ein Hauptanliegen Schellings. Zudem
müßte die negative Wirkungsgeschichte der sog. romantischen Naturphilosophie näher beleuchtet werden, um die zu jener Zeit begangenen Fehler
heute zu vermeiden. Die Parallelen zwischen Schellings Naturphilosophie
und dem modernen Paradigma der Selbstorganisation sind zu eindeutig, als
daß man nicht befürchten müßte, eine Renaissance dieses Naturbildes könnte
auch zu einer Wiederholung der negativen Folgeerscheinungen führen. Bisher liegt jedoch noch keine differenzierte wissenschaftshistorische Aufarbeitung der romantischen Periode vor, die es ermöglichen würde, die Wirkungsgeschichte der Schellingschen Naturphilosophie objektiv zu beurteilen und
auf heute zu beziehen.

I. Der Kenntnisstand der Physik
und Biologie um 1800 und Schellings Verdienst
um den naturwissenschaftlichen Fortschritt
des 19. Jahrhunderts

Obwohl seit Schellings sog. „naturphilosophischer Periode"[1] mehr als 150 Jahre vergangen sind, haben seine Hypothesen und Entwürfe nichts von ihrer Aktualität eingebüßt. Im Gegenteil: erst heute können seine Errungenschaften wirklich verstanden werden, denn zu seiner Zeit besaßen die Physik und die Biologie nicht genügend Kenntnisse und Instrumentarien, um seine Ideen mathematisieren und experimentell prüfen zu können.

Die Naturwissenschaften standen zu Schellings Zeiten gerade erst im Anfang ihres Aufschwunges: Die Chemie beispielsweise hatte 1774 durch Lavoisiers Aufklärung des Verbrennungsvorganges erstmals eine wissenschaftliche Basis erhalten; der Begriff „Biologie" trat erst um 1800 bei Roose, Burdach, Treviranus und Lamarck auf und gewann mit Schwanns und Schleidens Entdeckung der Zellen erstmals deutlichere Umrisse.[2]

Damals existierten noch nicht die Apparaturen und Meßgeräte, um die Schelling interessierenden, sich selbst organisierenden Prozesse der Natur genauer untersuchen zu können. Die „Brüsseler Schule" um Ilja Prigogine, die die moderne Selbstorganisationsforschung begründete, benötigt z. B. aufwendige Computersimulationen, um ihre theoretischen Modelle an Beispielen überprüfen zu können.

Schelling konnte die naturwissenschaftlichen Details von Selbstordnungsphänomenen noch nicht wissen. Seine Aktualität liegt, wie wir noch sehen werden, in der konzeptionellen Erfassung und begrifflichen Durchdringung dieser Prozesse. Er suchte — wie die modernen Physiker — die mechanisti-

---

[1] Zur Periodisierung der Philosophie Schellings siehe H. Zeltner, Schelling-Forschung seit 1954, Darmstadt 1975, S. 48-102; V. F. Asmus, Schelling, in: Natur — Kunst — Mythos. Beiträge zur Philosophie F. W. J. Schellings, hrsg. v. S. Dietzsch, Berlin 1978, S. 9-15.

[2] Vgl. F. Dannemann, Vom Werden der naturwissenschaftlichen Probleme. Grundriß einer Geschichte der Naturwissenschaften, Leipzig 1928, S. 224 ff.; sowie D. v. Engelhardt, Die organische Natur und die Lebenswissenschaften in Schellings Naturphilosophie, in: R. Heckmann / H. Krings / R. W. Meyer (Hrsg.), Natur und Subjektivität. Zur Auseinandersetzung mit der Philosophie des jungen Schelling. Referate, Voten und Protokolle der II. Internationalen Schelling-Tagung, Zürich 1983, Stuttgart 1985, S. 39-58, hier S. 40.

sche Naturauffassung durch eine prozeßhafte Betrachtungsweise zu überwinden.

Ehe seine Selbstorganisationsidee mit der heutigen verglichen wird, sei kurz auf den Kenntnisstand der Physik und Biologie um 1800 eingegangen, damit im Blick bleibt, auf welcher naturwissenschaftlichen Basis er im Unterschied zur Moderne operierte. Bei einer Transformation seiner Ideen in unsere heutige Zeit muß der historische Standort Schellings berücksichtigt werden, um seine Pionierleistungen entsprechend würdigen zu können, und um nicht voreilig moderne Ideen in seine Philosophie hineinzuinterpretieren. Zudem soll die Wirkungsgeschichte der Schellingschen Ideen im 19. Jahrhundert umrissen werden, um deutlich werden zu lassen, daß Schellings Naturphilosophie bereits damals naturwissenschaftliche Relevanz besaß.

1. Die neuen wissenschaftshistorischen Forschungsergebnisse

Schellings Naturphilosophie hat etwa von 1800 bis 1830 als bestimmende Geistesströmung in Deutschland einen nachhaltigen Einfluß auf fast allen Gebieten der Naturwissenschaft und Medizin ausgeübt. Diese als „romantische Epoche" bezeichnete Zeitspanne ist bei der nachfolgenden Forschergeneration schließlich auf heftige Ablehnung gestoßen. So warnte der berühmte Botaniker Schleiden seine Kollegen:

„Was aus allem diesem folgt, ist nämlich, dass sich die Naturwissenschaft, welche sich auf dem Boden der Wirklichkeit, der Erfahrung bewegt, gar nicht auf S c h e l l i n g einlassen kann und darf, wenn sie nicht ein wesenloses Gespenst mit Degen und Pistolen angreifen und sich dadurch lächerlich machen will."[3]

Das Urteil Justus von Liebigs war nicht weniger niederschmetternd:

„Die Thätigkeit, das Wirken der Naturphilosophie war die Pestilenz, der schwarze Tod des Jahrhunderts."[4]

Dieser Verachtung für die romantische Naturphilosophie schlossen sich in der Folgezeit die meisten Naturforscher an. Zu den schärfsten Kritikern gehörten DuBois-Reymond, Helmholtz und Virchow, die eine streng mechanistische Naturauffassung mit exakten Ergebnissen den romantischen Höhenflügen ohne empirische Basis vorzogen. Schellings Naturphilosophie war schließlich so diskreditiert, daß sie zum Synonym für spekulative Hirngespinste und Traumtänzerei wurde. Das Schisma zwischen Natur- und Geisteswissenschaften, der viel beklagte Graben zwischen den „zwei Kulturen",

---

[3] M. J. Schleiden, Schelling's und Hegel's Verhältniß zur Naturwissenschaft, Leipzig 1844, S. 51.

[4] J. v. Liebig, Ueber das Studium der Naturwissenschaften und über den Zustand der Chemie in Preussen (1840), in: ders., Reden und Abhandlungen, S. 7-36, hier S. 24.

war seit dieser Zeit, als sich die empirische Wissenschaft im Zuge der Industrialisierung von der Bevormundung durch die Philosophie (und des klassischen Bildungsideals) emanzipierte, endgültig geworden.

Bis heute hat sich das negative Bild der sog. „romantischen Naturphilosophie" erhalten. So schreiben I. Prigogine und I. Stengers über diese Epoche:

„Das spekulative, von allen Zwängen des experimentellen Dialogs befreite Denken herrschte unumschränkt. Diese Naturphilosophen haben eine verheerende kulturelle Wirkung gehabt."[5]

In den letzten Jahren haben sich die Wissenschaftshistoriker um eine objektivere Schelling-Rezeption bemüht. Ihr Quellenstudium hat zu interessanten Ergebnissen geführt. Es konnte gezeigt werden, daß Schellings Naturphilosophie einen wesentlichen Einfluß auf die naturwissenschaftlichen Entdeckungen des 19.Jahrhundert ausgeübt hat. Im Zuge der Aufarbeitung der Wissenschaftsgeschichte des 19. Jahrhunderts hat eine schrittweise Rehabilitierung der romantischen Naturphilosophie, insbesondere der Schellingschen, stattgefunden. So schreibt beispielsweise der Stuttgarter Wissenschaftshistoriker und Naturwissenschaftler A. Hermann:

„Wir wollen nun zeigen, daß der Gedanke der inneren Einheit aller Naturkräfte — der zwar nicht ganz spezifisch ist für die romantische Naturphilosophie, den diese aber so leidenschaftlich aufgegriffen hat — fast ein halbes Jahrhundert lang, von 1798 bis 1842, bei allen großen physikalischen Entdeckungen gleichsam Pate gestanden hat."[6]

Die Idee der dynamischen Einheit der Natur, die Schelling zum zentralen Ausgangspunkt seiner Naturphilosophie machte, wirkte noch bis in die zweite Hälfte des 19. Jahrhunderts. C. A. Culotta zeigte, daß die romantische Naturphilosophie selbst auf die schärfsten Kritiker Schellings einen wichtigen konstruktiven Einfluß hatte.[7]

Die wissenschaftshistorische Forschung hat erst begonnen, sich mit der romantischen Periode eingehender zu beschäftigen. Bisher liegen nur punktuelle Ergebnisse vor. Von einer differenzierten, umfassenden Sichtweise sind wir noch weit entfernt. Dies gilt insbesondere für die Wirkungsgeschichte der

---

[5] I. Prigogine / I. Stengers, Dialog mit der Natur. Neue Wege naturwissenschaftlichen Denkens, München 1981 (orig. franz., 1980), S. 96.

[6] A. Hermann, Schelling und die Naturwissenschaften, in: Technikgeschichte, 44 (1977) 1, S. 44-53, hier S. 50. Zu einem ähnlichen Ergebnis kommen u.a. W. Förster, Die Philosophie Schellings in ihren entgegengesetzten Rezeptionslinien, in: Deutsche Zeitschrift für Philosophie, 23 (1975)2, S. 287-305, und E. Mende, Der Einfluß von Schellings „Princip" auf Biologie und Physik der Romantik, in: Philosophia Naturalis, 15 (1975) 4, S. 461-485. Siehe auch H. A. M. Snelders, Romanticism and Naturphilosophie and the Inorganic Natural Sciences 1797-1840. An Introductory Survey, in: Studies in Romanticism, 9 (1970), S. 193-215.

[7] C. A. Culotta, German Biophysics. Objective Knowledge and Romanticism, in: Historical Studies in the Physical Sciences, 4 (1975), S. 3-38.

Schellingschen Naturphilosophie.[8] Eine objektive Beurteilung der Schelling-schen Naturphilosophie ist jedoch kaum möglich, wenn nicht ihre Wirkungs-geschichte miteinbezogen wird. Es wäre beispielsweise einer Untersuchung wert, wie weitgehend Schelling auf die Evolutionsideen des 19. Jahrhunderts eingewirkt hat.

Ein weiteres Forschungsprojekt könnte sich mit dem Einfluß Schellings auf die Göttinger Physiker-Schule beschäftigen, denn es ist interessant, daß J. F. Herbart (1776-1841), der bis zu seinem Tode in Göttingen lehrte, sich in mehreren Aufsätzen mit Schelling, wenn auch kritisch, befaßte.[9] Möglicher-weise hat *B. Riemann,* der sich bereits Mitte des 19. Jahrhunderts mit physika-lischen Selbstorganisationsprozessen, wie z. B. der Stoßwelle, beschäftigte und aufgrund dessen eine neue — die nichteuklidische — Mathematik begründete, nicht nur von Herbart philosophische Impulse empfangen, wie Riemann selbst aussagt, sondern implizit auch von Schellings Selbstorganisa-tionsidee. Schellings Einfluß auf die Göttinger Biologen-Schule zu Beginn des 19. Jahrhunderts wurde jüngst von T. Lenoir thematisiert.[10] Da sich Riemann sehr für biologische Phänomene interessierte, könnte eine Beein-flussung auch über diese historische Linie erfolgt sein.

Zudem müßte geprüft werden, wie weitgehend Schelling auch negativ auf die naturwissenschaftliche Entwicklung eingewirkt hat und welche Ursa-chen dies hatte, oder ob vielleicht mehr seine Epigonen für die Fehlentwick-lungen der Wissenschaft in Deutschland verantwortlich waren. Schelling selbst distanzierte sich von den „Plünderern der Naturphilosophie"[11], von den romantischen Naturforschern, die seine Ideen mißbrauchten, um „die Mannichfaltigkeit der Naturursachen durch erdichtete Identitäten zu vertilgen"[12].

---

[8] Zu diesem Ergebnis gelangte auch die Internationale Schelling-Tagung in Zürich 1979: L. Hasler (Hrsg.), Schelling. Seine Bedeutung für eine Philosophie der Natur und der Geschichte. Referate und Kolloquien der Internationalen Schelling-Tagung Zürich 1979, Stuttgart 1981.

[9] J. F. Herbart, Spinoza und Schelling; eine Skizze (1796), in: Joh. Friedr. Herbart's Sämmtliche Werke, hrsg. v. K. Kehrbach, 1. Bd., Langensalza 1887, S. 9-11; ders., Versuch einer Beurtheilung von Schelling's Schrift: Über die Möglichkeit einer Form der Philoso-phie überhaupt (1796), in: ebenda, S. 12-16; ders., Ueber Schelling's Schrift: Vom Ich, oder dem Unbedingten im menschlichen Wissen (1796), in: ebenda, S. 17-33; ders., Über die Unangreifbarkeit der Schellingschen Lehre (1813), in: ebenda, Bd. 3, S. 247-258. Herbart studierte an der Universität Jena, als Fichte dort lehrte und kurz bevor Schelling dort seine Professur erlangte.

[10] T. Lenoir, The Strategy of Life. Teleology and Mechanics in Nineteenth Century German Biology, Dordrecht 1982. Zur Göttinger Biologenschule rechnet Lenoir: Döllin-ger, Haller, Wrisberg, Blumenbach, Reil, Sömmering, Kielmeyer, Treviranus, Link, Hum-boldt und Meckel. (Siehe T. Lenoir, ebenda, S. 70).

[11] F. W. J. Schelling, Kritische Fragmente, in: Jahrbücher der Medicin als Wissenschaft, 2 (1807), S. 303.

[12] F. W. J. Schelling, Von der Weltseele, eine Hypothese der höheren Physik zur Erklärung des allgemeinen Organismus, 1798, II. 347.

2. Schellings naturwissenschaftliches Interesse

Schelling war nicht nur ein bedeutender Philosoph, er beschäftigte sich zudem eingehend mit den „exakten" Naturwissenschaften. Er studierte von 1796-1798 an der Universität Leipzig die Fächer Physik, Chemie, Medizin und Mathematik. Seine ersten naturphilosophischen Schriften „Ideen zu einer Philosophie der Natur" (1797) und „Von der Weltseele, eine Hypothese der höheren Physik zur Erklärung des allgemeinen Organismus" (1798) zeigen eine umfangreiche Kenntnis der zeitgenössischen Fachliteratur.[13] Bis in sein hohes Alter interessierte er sich lebhaft für neue Entdeckungen, wie seinem Briefwechsel und seiner 1832 gehaltenen Rede „Ueber Faraday's neueste Entdeckung"[14] zu entnehmen ist. Er korrespondierte u. a. mit L. Oken, den bekannten Medizinern Röschlaub, Marcus, Döllinger, Walther, sowie mit Steffens, A. v. Humboldt und J. W. Ritter.[15] Schelling war Mitbegründer und Mitherausgeber der bekannten „Jahrbücher der Medicin als Wissenschaft" und der „Zeitschrift für speculative Physik". Seine Leistungen auf dem medizinischen Bereich wurden mit dem Doktorhut der Universität Landshut ausgezeichnet.[16] Mit naturwissenschaftlichen Methoden vertraut legte Schelling Wert auf den wissenschaftlichen Charakter seiner „speculativen Physik":

„Denn jede idealistische Erklärungsart aus ihrem eigenthümlichen Gebiet in das der Naturerklärung herübergezogen, artet in den abenteuerlichsten Unsinn aus, wovon die Beispiele bekannt sind. Die erste Maxime aller wahren Naturwissenschaft, alles auch aus Natur-Kräften zu erklären, wird daher von unsrer Wissenschaft in ihrer größten Ausdehnung angenommen, und selbst bis auf dasjenige Gebiet ausgedehnt, vor welchen [sic!] alle Naturerklärung bis jetzt stillzustehen gewohnt ist, z.B. selbst auf diejenigen organischen Erscheinungen, welche ein Analogon der Vernunft vorauszusetzen scheinen."[17]

---

[13] Dies belegen u.a. seine zahlreichen Bezugnahmen auf neue Forschungsergebnisse. Er verweist u.a. auf den Biologen Buffon (II 98, 260), die Physiker Le Sage (II 200-212), D. Bernoulli (II 248), Volta (II 140), den Chemiker Priestley (II 142) und andere. Vgl. auch die Einschätzung W. Försters: „In den ‚Ideen zu einer Philosophie der Natur' und in der ‚Weltseele' nimmt Schelling eine umfangreiche Analyse der naturwissenschaftlichen Vorstellungen am Ausgang des 18. Jahrhunderts vor." (W. Förster, Die Entwicklungsidee in der deutschen Naturphilosophie am Ausgang des 18. und zu Beginn des 19. Jahrhunderts, in: Veränderung und Entwicklung. Studien zur vormarxistischen Dialektik, hrsg. v. G. Stiehler, Berlin 1974, S. 171-210, hier S. 175). Siehe auch D. v. Engelhardt, Die organische Natur und die Lebenswissenschaften in Schellings Naturphilosophie, in: R. Heckmann / H. Krings / R. W. Meyer (Hrsg.), Natur und Subjektivität, a.a.O., S. 40-46.

[14] F. W. J. Schelling, Ueber Faraday's neueste Entdeckung, 1832, IX. 439-452.

[15] Siehe: F. W. J. Schelling, Briefe und Dokumente, hrsg. v. Horst Fuhrmanns, Bd. 1-3, Bonn 1962-1975.

[16] Vgl. W. Metzger, Schelling und die biologischen Grundprobleme, in: Archiv für die Geschichte der Naturwissenschaften und Technik, (1909) 2, S. 159-182, hier S. 161.

[17] F. W. J. Schelling, Einleitung zu dem Entwurf eines Systems der Naturphilosophie oder über den Begriff der speculativen Physik und die innere Organisation eines Systems

Schelling sah deutlich, daß die Naturphilosophie von den experimentellen Forschungsergebnissen der Naturwissenschaften abhängig ist. Wilde, ungezügelte Spekulation lehnte er ab, ganz entgegen späteren Vorwürfen, die von seiten der Naturwissenschaftler immer wieder gegen ihn erhoben wurden. Er verwertete alle relevanten zeitgenössischen Entdeckungen und befand sich somit an der Front der Forschung. Die Begrenztheit des damaligen Wissens wurde von ihm schmerzlich empfunden, denn für die wissenschaftliche Durchdringung z. B. der Entstehung des Lebens reichte es noch nicht aus:

„Je weiter die Sphäre der Untersuchung beschrieben wird, desto genauer sieht man das Mangelhafte und Dürftige der Erfahrungen, die bis jetzt in ihren Umkreis fallen, und so werden wenige die Unvollkommenheit dieses Versuchs tiefer oder lebhafter als der Unternehmer selbst fühlen."[18]

3. Die Physik um 1800 und die Wirkung der Schellingschen Idee von der dynamischen Einheit der Natur

Das mechanistische Denken war zu Zeiten Schellings noch ungebrochen. Durch die Kant-Laplacesche Himmelsmechanik feierte die Newtonsche Physik gerade ihre höchsten Triumphe.[19] Das Hauptwerk von Laplace, die „Traité de la mécanique céleste" erschien von 1799-1825, also fast zu gleicher Zeit wie Schellings naturphilosophische Schriften. Schelling mußte seine nicht-mechanistische Naturtheorie gegen die einflußreiche Schule von Laplace und Lagrange[20] durchsetzen. Naturwissenschaft wurde mit Mechanik gleichgesetzt. Es wundert daher nicht, daß sich Schelling eingehend mit den mechanistischen Konzeptionen auseinandersetzt, insbesondere mit der von Le Sage und der von Kant.[21]

---

dieser Wissenschaft, 1799, III 273. Zur systematischen Bedeutung von Schellings „speculativer Physik" siehe R. W. Meyer, Zum Begriff der spekulativen Physik bei Schelling, in: R. Heckmann / H. Krings / R. W. Meyer, Natur und Subjektivität, a.a.O., S. 129-156; H. Poser, Spekulative Physik und Erfahrung. Zum Verhältnis von Experiment und Theorie in Schellings Naturphilosophie, in: L. Hasler (Hrsg.), Schelling. Seine Bedeutung für eine Philosophie der Natur und der Geschichte, a.a.O., S. 129-138.

[18] F. W. J. Schelling, Von der Weltseele, eine Hypothese der höheren Physik zur Erklärung des allgemeinen Organismus, a.a.O., II 351.

[19] 1755 erschien Kants „Allgemeine Naturgeschichte und Theorie des Himmels" und 1796 Laplace' „Exposition du système du monde", in der eine von Kant etwas abweichende Lehre der Entwicklung des Sonnensystems aufstellte.

[20] Der Mathematiker P. S. Lagrange (1736-1813) gilt als der Begründer der analytischen Mechanik. In der „Mécanique analytique" (1788) faßte er verallgemeinernd die Prinzipien der Mechanik zu den nach ihm benannten Gleichungssystemen zusammen.

[21] Siehe u.a. F. W. J. Schelling, Ideen zu einer Philosophie der Natur als Einleitung in das Studium dieser Wissenschaft, 1797, II 178 ff.

Kant hatte in seiner „Allgemeinen Naturgeschichte und Theorie des Himmels" erstmals den Versuch unternommen, die historische Dimension in die Physik einzubringen. Dies war keineswegs selbstverständlich, denn die meisten Physiker betrachteten die Planetensysteme als ewige, von Gott geschaffene Gebilde. Da es Schelling ebenfalls um eine Kosmogonie und eine Naturgeschichte ging,[22] knüpfte er gerne an Kant an, wenngleich kritisch. Seine Auseinandersetzung mit der Kantischen „dynamischen Physik" liest sich wie eine moderne Version der Dynamik-Kritik von seiten der Selbstorganisationstheoretiker. Schelling erkannte, daß mittels der mechanischen Grundkräfte, der „Attraktiv- und Repulsivkraft", die Bildung von dynamischen Strukturen nicht erklärt werden kann. Er schreibt:

> „Ich behaupte aber, daß man mit dieser Construktion aus ursprünglichen Grundkräften nur in der Mechanik . . ., aber nicht, um die B i l d u n g auch nur E i n e r Materie begreiflich zu machen, ausreichen könne, weil man nämlich in jenem Fall von aller specifischen Differenz der Materie abstrahirt, und keine andere Verschiedenheit derselben als die der verschiedenen Grade ihrer D i c h t i g k e i t (d. h. ihrer Raumerfüllung) in Betracht zieht, wie das auch in K a n t s Naturmetaphysik der Fall ist."[23]

Zudem erkannte Schelling, daß die mechanische Physik den Ursprung der Bewegung nicht erklären kann, da „mechanisch ins Unendliche fort Bewegung nur aus Bewegung entspringt". Schellings Programm der „speculativen Physik" sollte dagegen die *Selbst*bewegung oder die *Selbst*organisierung der Natur zum Thema haben. Er grenzt daher sein Unternehmen von dem der traditionellen dynamischen Physik ab,

> „welcher Unterschied sich hauptsächlich darauf reducirt, daß jene (die spekulative Physik. M. H.) einzig und allein mit den ursprünglichen Bewegungsursachen in der Natur, also allein mit den dynamischen Erscheinungen, diese dagegen, weil sie nie auf einen letzten Bewegungs-Quell in der Natur kommt, nur mit den sekundären Bewegungen, und selbst mit den ursprünglichen nur als mechanischen (also auch der mathematischen Construktion fähigen) sich beschäftigt, . . ."[24].

Die Aktualität der Schellingschen Naturphilosophie ergibt sich nicht zuletzt daraus, daß sie mit dem gleichen Motiv wie die moderne Selbstorganisationsforschung versucht, über die deterministische Naturkonzeption der klassischen Physik hinauszugehen. Wie schwer es ist, eine Physik des Werdens zu konzipieren, läßt sich u. a. I. Stengers' und I. Prigogines „Dialog mit

---

[22] Dies ist z. B. einer Äußerung wie dieser zu entnehmen, „daß diese Theorie des Weltursprungs zugleich ein Leitfaden für die ganze G e s c h i c h t e des Universums, für die Geschichte seines Fortgangs und seines allmählichen Verfalls ist." (Erster Entwurf eines Systems der Naturphilosophie. Für Vorlesungen, 1799, III 125).

[23] Ebenda III 101.

[24] Einleitung zu dem Entwurf eines Systems der Naturphilosophie, a.a.O., III 275. Zur Kritik der dynamischen Physik Kants siehe zudem Schellings differenzierte Argumentation in: Erster Entwurf eines Systems der Naturphilosophie, a.a.O., III 99 ff.; sowie: F. W. J. Schelling, Allgemeine Deduktion des dynamischen Processes oder der Kategorien der Physik, 1800, IV 26 ff.

der Natur" entnehmen. Bei der Lektüre dieses Buches wird deutlich, daß die modernen Physiker noch sehr in dem begrifflichen Rahmen der klassischen Physik befangen sind und welche Anstrengungen es kostet, diese Schranken zu überwinden.[25] Vielleicht kann Schelling heuristische Mittel an die Hand geben, diese Probleme zu lösen.

Zu Schellings Zeiten gab es noch keine empirischen Kenntnisse über Selbstorganisationsprozesse der leblosen Natur. Es existierte weder die Thermodynamik, noch die Laserphysik, die Plasmaphysik oder die statistische Physik, also physikalische Disziplinen, die sich mit Selbstordnungsprozessen beschäftigen. Um so mehr konzentrierte sich Schelling auf die neuentdeckten elektrischen und galvanischen Phänomene, über die A. Einstein und L. Infeld schreiben, daß sie erstmals die mechanistische Naturkonzeption sprengten.[26] Am „elektrischen Fluidum" interessierte ihn vor allem die Eigenschaft der Polarität und am Galvanismus, daß der elektrische Versuch mit Froschschenkeln gezeigt hatte, daß ein Zusammenhang zwischen lebloser und lebendiger Materie existierte.[27] Die weitreichende Interpretation der galvanischen Experimente als Nachweis der Einheit von physikalischen und biologischen Prozessen geht, einer wissenschaftshistorischen Untersuchung E. Mendes zufolge, auf Schelling zurück.[28] Schelling baute diese Interpretation in seiner Schrift „Von der Weltseele, eine Hypothese der höheren Physik zur Erklärung des allgemeinen Organismus" zu der Idee aus, daß der Ursprung des Lebens aus der anorganischen Materie nur erklärt werden könne, wenn man ein „organisierendes, die Welt zum System bildendes Princip" annimmt.[29]

Schelling knüpfte immer wieder an die fortschrittlichsten Forschungsrichtungen seiner Zeit an, um seine Entwicklungsidee an ihnen zu prüfen und auszubilden, sowie um die „Spitzenforschung" seiner Zeit voranzutreiben.

---

[25] I. Prigogine / I. Stengers, Dialog mit der Natur. Neue Wege naturwissenschaftlichen Denkens, a.a.O., S. 33-84. Sie schreiben S. 84: „Diese Herausforderung (der klassischen Dynamik, M. H.) hat uns das 19. Jahrhundert mit seiner Wissenschaft hinterlassen, und sie haben wir heute zu überwinden."

[26] A. Einstein / L. Infeld, Die Evolution der Physik, Wien 1950, S. 87-151. Zum Forschungsstand um 1800: J. Teichmann, Zur Entwicklung von Grundbegriffen der Elektrizitätslehre, insbesondere des elektrischen Stromes bis 1820, Hildesheim 1974; sowie R. A. R. Tricker, Frühe Elektrodynamik. Das erste Stromgesetz, Braunschweig 1974; sowie K. Caneva, Conceptual and Generational Change in German Physics: The Case of Electricity 1800-1845, Diss. Princeton 1975.

[27] Vgl. F. W. J. Schelling, Ideen zu einer Philosophie der Natur als Einleitung in das Studium dieser Wissenschaft, a.a.O., II 122-163; und ders., Von der Weltseele, eine Hypothese der höheren Physik zur Erklärung des allgemeinen Organismus, a.a.O., II 432 ff.

[28] E. Mende, Der Einfluß von Schellings „Princip" auf Biologie und Physik der Romantik, in: Philosophia Naturalis, a.a.O., S. 474 f.

[29] Diese Idee wird an späterer Stelle dieser Arbeit (Kap. II, 2) weiter ausgeführt.

„Vorerst achtete ich es für Verdienst, in dieser Wissenschaft nur überhaupt etwas zu w a g e n, damit an der Aufdeckung und Widerlegung des Irrthums wenigstens der Scharfsinn anderer sich übe."[30]

Sein Mut, neue Hypothesen aufzustellen, hatte Erfolg. So inspirierte seine Idee der Einheit der Natur einige der wichtigsten Forscher des 19. Jahrhunderts. Seine Hypothese, daß magnetische, elektrische und chemische Prozesse nur Modifikationen eines einzigen, grundlegenderen Prozesses sind, wurde nacheinander von J. W. Ritter, H. C. Oersted, M. Faraday und schließlich im umfassenderen Sinne von Robert Mayer experimentell bestätigt.

In seinen „Ideen zu einer Philosophie der Natur . . ." hatte Schelling erstmals den Zusammenhang zwischen Magnetismus, Elektrizität und chemischem Prozeß erörtert und war zu dem Ergebnis gekommen:

„Es kann daher nicht befremden, in der vollkommeneren Form des chemischen Processes die Totalität aller Formen des dynamischen anzutreffen, so daß es möglich ist, den sogenannten Galvanismus in der Voltaischen Säule ganz als Magnetismus, ganz als Elektricität und ganz als chemischen Proceß aufzufassen. Dieß hängt bloß davon ab, welchen Moment des Ganzen man fixieren will."[31]

J. W. Ritter, der als Begründer der Elektrochemie angesehen wird, entdeckte 1798, also ein Jahr später, die Ursache der galvanischen Elektrizitätserzeugung in einem chemischen Prozeß und konnte damit den von Schelling hypothetisch angenommenen Zusammenhang zwischen elektrischen und chemischen Kräften experimentell verifizieren.[32] Daß Schelling den Physiker J. W. Ritter, der sein Kollege an der Universität Jena war, auch tatsächlich zu entsprechenden Versuchen anregte, konnte jüngst nachgewiesen werden.[33]

H. C. Oersted zeigte 1820, daß sich eine Magnetnadel durch einen elektrischen Strom ablenken ließ. Etwas verwundert stellt der Physiker R. A. R. Tricker fest:

---

[30] F. W. J. Schelling, Von der Weltseele, eine Hypothese der höheren Physik zur Erklärung des allgemeinen Organismus, a.a.O., II 351.

[31] F. W. J. Schelling, Ideen zu einer Philosophie der Natur als Einleitung in das Studium dieser Wissenschaft, a.a.O., II 339.

[32] Vgl. A. Hermann, Die Begründung der Elektrochemie, Frankfurt a.M. 1968; sowie C. v. Klinckowstroem, Johann Wilhelm Ritter und der Elektromagnetismus, in: Archiv für die Geschichte der Naturwissenschaft und der Technik, IX (1922), S. 68 ff.

[33] E. Mende, Der Einfluß von Schellings „Princip" auf Biologie und Physik der Romantik, in: Philosophia Naturalis, a.a.O., S. 474 ff.; sowie H. A. M. Snelders, Romanticism and Naturphilosophie and the Inorganic Natural Sciences 1797-1840; in: Studies in Romanticism, a.a.O., S. 199 ff.
Zu Ritters und Schellings nichtsdestoweniger gespanntem Verhältnis vgl. H. Berg, D. Germann, Ritter und Schelling — Empirie oder Spekulation, in: Die Philosophie des jungen Schelling. Beiträge zur Schelling-Rezeption in der DDR, hrsg. v. E. Lange, Weimar 1977, S. 83-113.

„Oersteds Untersuchungen auf dem Gebiet der Elektrizität waren in seinem metaphysischen Glauben an eine Einheit aller Kräfte in der Natur begründet. Diese Ansicht wurde zweifelsohne von der naturphilosophischen Strömung in Deutschland zu Anfang des neunzehnten Jahrhunderts, deren Hauptvertreter F. W. J. Schelling war, beeinflußt. Es erscheint wirklich merkwürdig, daß von dieser Lehre ein Experimentator angeregt wurde."[34]

Diese Merkwürdigkeit hatte sich auch mit M. Faraday zugetragen, der 1831 die umgekehrte Richtung, daß ein elektrischer Strom durch die Bewegung eines Magneten induziert werden kann, aufzeigte, womit der Zusammenhang von magnetischen und elektrischen Phänomenen bewiesen war.[35] Die Bahn für die Elektrodynamik war freigelegt. Schelling feierte die neue Entdeckung Faradays in einer Festrede. Nicht zu Unrecht fühlte er sich in seinen naturphilosophischen Bemühungen bestätigt.[36]

Es kam jedoch noch besser. Robert Mayer ließ sich durch Schellings Idee der dynamischen Einheit aller Naturkräfte dazu inspirieren, eines der grundlegendsten Prinzipien der Physik aufzudecken: den Energieerhaltungssatz.[37] Den „Fall Mayer" finden I. Prigogine und I. Stengers besonders erstaunlich, da dieser aufgrund von relativ unscheinbaren Beobachtungen „unvermittelt" zu der weitreichenden Schlußfolgerung des Energieerhaltungssatzes gelangt war.[38] Schelling wird von ihnen nicht genannt.

Man könnte noch eine ganze Reihe anderer Hypothesen Schellings auflisten, die eine nachweisbare, direkte Wirkung auf einzelne Forscher ausübten.[39] Aber es waren nicht so sehr seine einzelnen Hypothesen, die die

---

[34] R. A. R. Tricker, Frühe Elektrodynamik. Das erste Stromgesetz, a.a.O., S. 21. Vgl. auch G. Hennemann, Der dänische Physiker Hans Christian Oersted und die Naturphilosophie der Romantik, in: Philosophia Naturalis, 10 (1967/68), S. 112-132; sowie H. A. M. Snelders, Romanticism and Naturphilosophie and the Inorganic Natural Sciences 1797-1840, in: Studies in Romanticism, a.a.O., S. 202 ff.

[35] Zu Faradays naturphilosophischer Denkweise siehe A. Hermann, Der Kraftbegriff bei Michael Faraday und seine historische Wurzel, in: Wissenschaft, Wirtschaft und Technik. Studien zur Geschichte. Wilhelm Treue zum 60. Geburtstag, hrsg. v. K.-H. Manegold, München 1969, S. 469-476.

[36] F. W. J. Schelling, Über Faradays neueste Entdeckung, a.a.O., IX 439-452.

[37] Daß Robert Mayer von Schellings Naturphilosophie beeinflußt wurde, demonstrierte A. Hermann an dem Manuskript R. Mayers „Über die quantitative und qualitative Bestimmung der Kräfte" (1841), in welchem Mayer auch typische Fehler (!) Schellings rezipiert hatte. (A. Hermann, Schelling und die Naturwissenschaften, in: Technikgeschichte, a.a.O., S. 52.)

[38] I. Prigogine/I. Stengers, Dialog mit der Natur. Neue Wege naturwissenschaftlichen Denkens, a.a.O., S. 117 f.

[39] Siehe z. B. die aufschlußreichen wissenschaftshistorischen Arbeiten von: P. Nolte, Bemerkungen zum Verhältnis des Chemikers Schönbein zu Schelling. In: Deutsche Zeitschrift für Philosophie, 28 (1980) 6, S. 746-758; D. Oldenburg, Romantische Naturphilosophie und Arzneimittellehre 1800-1840, Braunschweig 1979; H. A. M. Snelders, De invloed van Kant en Schelling op de Chemie in Duitsland omstreek 1800, in: Chemisch Weekblad,

Naturwissenschaften des 19. Jahrhunderts beeinflußten. Es war vor allem die Suche nach einem einheitlichen, inneren Prinzip der Natur, die die deutsche Physik geprägt und stimuliert hat.[40] Dieses Prinzip wurde nicht von Schelling entdeckt, aber ausgearbeitet und auf die naturwissenschaftlichen Teildisziplinen angewendet.

Die romantische Naturphilosophie hatte selbst auf die schärfsten Kritiker Schellings einen konstruktiven Einfluß. Den biophysikalischen Forschungsarbeiten von Helmholtz, Du-Bois-Reymond u.a. lag die Überzeugung zugrunde, daß Physik und Biologie keine getrennten Bereiche sind, sondern durch einen tieferliegenden Zusammenhang miteinander verbunden sind. Die Physiologie als die Wissenschaft von den physikochemischen Grundlagen biologischer Prozesse wurde durch die von Schelling aufgeworfenen Fragestellungen und Hypothesen wesentlich in ihrem Entwicklungsgang geprägt.[41] Äußerungen Helmholtz bezüglich der Einheit von Natur und Geist zeigen, daß ihm eine dynamische Einheitsidee und nicht eine reduktionistische vorschwebte:

„Wir erwarten nicht, daß etwa ein direkter Weg des Verständnisses von der Bewegung der Körper in Raum und Zeit zu den seelischen Vorgängen führen könnte, da wir auch in den exakten Naturwissenschaften gelernt haben, daß die Wirklichkeit für unser Denken zunächst in getrennte Schichten zerfällt, die erst in einem abstrakten Raum *hinter den Phänomenen* zusammenhängen. [Hervorhebung, M. H.]"[42]

Schellings Idee, daß die physikalische und biologische Sphäre auch historisch-genetisch durch ein Selbstorganisationsprinzip miteinander verbunden sind, wird allerdings erst heute von der Biophysik erkannt, wie wir noch sehen werden. An dieser Stelle sei nur Schelling selbst zitiert:

„Und dies ist denn auch das Resultat, auf welches jede ächte Naturwissenschaft führen muß, daß nämlich der Unterschied zwischen organischer und anorganischer Natur nur in der Natur als Objekt sey, und daß die Natur als ursprünglich = p r o d u k t i v *über beiden schwebe.*" (Hervorhebung, M. H.)[43]

LII (1966), S. 541-548; ders., De houding van Alexander von Humboldt tegenover de filosofie van Kant en Schelling, in: Scientiarum Historia, XI (1969), S. 17-37. Weitere Titel sind dem Literaturverzeichnis zu entnehmen.

[40] Diese Einstellung war nicht allgemein üblich, wie C. A. Culotta in einem Vergleich deutscher Physiker mit englischen und französischen feststellt. (C. A. Culotta, German Biophysics, Objective Knowledge and Romanticism, in: Historical Studies in the Physical Sciences, a.a.O.)

[41] Den Nachweis bringen: C. A. Culotta, ebenda, und K. E. Rothschuh, Physiologie. Der Wandel ihrer Konzepte, Probleme und Methoden vom 16. bis 20. Jahrhundert, Freiburg/München 1968, S. 191-203. Siehe auch D. v. Engelhardt, Historisches Bewußtsein in der Naturwissenschaft von der Aufklärung bis zum Positivismus, Freiburg/München 1979. S. 161 schreibt er: „Schließlich beeinflußt die romantische Naturforschung positivistische Naturwissenschaftler auf eine ihnen im allgemeinen unbewußte Weise."

[42] Zit. nach H. Benesch: Der Ursprung des Geistes. Wie entstand unser Bewußtsein — Wie wird Psychisches in uns hergestellt?, München 1980², S. 117.

[43] Einleitung zu dem Entwurf, a.a.O., III 326. Zu Schellings Idee der Selbstorganisation siehe Kap. II 2.

Sowohl Schelling als auch Helmholtz sehen die Einheit der Welt durch ein Prinzip garantiert, welches konstituierend jenseits, bzw. „hinter" (Helmholtz) oder „über" (Schelling) der phänomenalen Sphäre zu suchen ist. Bei Schelling ist es die Produktivität, die sich niemals in einer Sphäre erschöpft, d. h. beispielsweise auch nicht als bloß biologisches Lebensprinzip angesehen werden kann; bei Helmholtz ist es ein „abstrakter Raum hinter den Phänomenen", d. h. ein solcher, der ebenfalls nicht auf eine ontologische Ebene mit ihren spezifischen Gesetzmäßigkeiten reduzierbar ist.

Die Naturphilosophie Schellings gewann u. a. deshalb Anfang des 19. Jahrhunderts so viele Anhänger, weil sie einen Versuch darstellte, die vielen neu entdeckten physikalischen, chemischen und physiologischen Phänomene in einen Zusammenhang zu bringen und zu vereinheitlichen. Die empirischen Forscher hatten sich zu sehr auf die Details konzentriert und konnten die Menge an Fakten über magnetische, elektrische, chemische oder andere Vorgänge nicht mehr überblicken. Schellings Hypothesen wurden besonders in der Medizin gerne aufgenommen, da der menschliche Organismus eine integrale Einheit von Naturprozessen bildet und nicht zu Versuchszwecken einfach in Teilaspekte zerstückelt werden kann, wie es sonst in den „exakten" Wissenschaften üblich ist.[44]

Die Idee von der dynamischen Einheit der Natur erlebt heute wieder eine Renaissance — besonders durch die von H. Haken begründete neue interdisziplinäre Forschungsdisziplin „Synergetik".[45] Um nicht die gleichen Fehler zu wiederholen, die in der romantischen Periode begangen wurden, wäre eine Aufarbeitung der negativen Wirkungsgeschichte der Schellingschen Einheitsidee wünschenswert. Die scharfe Kritik eines Schleiden oder Justus von Liebig, die jedoch leider sehr allgemein blieb, muß ernst genommen werden. Die Vorliebe der romantischen Naturforscher für Analogien und Zusammenhänge artete schließlich in eine voreilige „Ganzheitssüchtigkeit" aus, die dazu führte, daß wichtige Unterschiede und Details vernachlässigt und teilweise sogar unterdrückt wurden, um das dogmatische, vorgefertigte Bild vom Ganzen zu retten.[46]

4. Die Biologie um 1800 und Schellings Entwicklungsidee

Bereits vor 1800, als der Begriff „Biologie" noch nicht existierte und die Pflanzenkunde und Zoologie sich noch ganz in der Tradition Carl von Linnés

---

[44] Vgl. D. Oldenburg, Romantische Naturphilosophie und Arzneimittellehre 1800-1840, a.a.O.

[45] Mehr dazu Kap. III, 2 der vorliegenden Arbeit.

[46] W. Leibbrand stellt diese Fehlentwicklung in bezug auf die Medizin dar. (W. Leibbrand, Die spekulative Medizin der Romantik, Hamburg 1956).

auf die bloße Sammlung und Klassifizierung von Arten und Gattungen beschränkte, konzipierte Schelling seine Entwicklungsidee der Natur. Das Dogma von der Konstanz der Tier- und Pflanzenarten, die man sich von Anbeginn geschaffen vorstellte, war noch nicht durchbrochen. Es existierten nur hier und da Versuche, an diesem Dogma zu rütteln.[47]

Lamarck, der von der Wissenschaftsgeschichte gemeinhin als der erste Entdecker eines Evolutionsprinzips der biologischen Natur gewürdigt wird, veröffentlichte sein epochemachendes Werk „Philosophie Zoologique" erst 1809. Darwins mechanistische Evolutionstheorie folgte 1859.[48] Um so erstaunlicher sind Äußerungen Schellings wie diese:

> „Die Produktivität der Natur ist absolute Continuität. Deßwegen werden wir auch jene Stufenfolge der Organisationen nicht mechanisch, sondern dynamisch, d. h. nicht als eine Stufenfolge der Produkte, sondern als eine Stufenfolge der Produktivität aufstellen. E s   i s t   n u r   E i n   P r o d u k t , das in allen Produkten lebt. Der Sprung vom Polypen zum Menschen scheint freilich ungeheuer, und der Übergang von jenem zu diesem wäre unerklärlich, wenn nicht zwischen beide Zwischenglieder träten. Der Polyp ist das einfachste Tier, und gleichsam der Stamm, aus welchem alle anderen Organisationen aufgesproßt sind."[49]

Schelling dynamisiert die von Linné und von Bonnet[50] aufgestellte hierarchische Stufenleiter der Organismen zu einer bewußten Phylogenetik; die Dimension der historischen Zeit wird eingeführt. Die statische, für Schelling die „mechanische" *Abfolge* von jeweils komplexeren Arten und Gattungen

---

[47] So entwickelten z. B. Kant, Herder, Buffon und Goethe Ansätze einer Deszendenztheorie. Siehe W. Zimmermann, Evolution. Die Geschichte ihrer Probleme und Erkenntnisse, Freiburg i. Br. 1954, S. 219 ff.

[48] C. B. Darwin, On the origin of species by means of natural selection, or the preservation of favoured races in the struggle for life, London 1859.

[49] F. W. J. Schelling, Erster Entwurf eines Systems der Naturphilosophie. Für Vorlesungen, a.a.O., III. 54.
Anklänge an *Kants* vorsichtigen Evolutionsgedanken, den er noch als ein „gewagtes Abenteuer der Vernunft" bezeichnet, sind evident: „Die Analogie der Formen, sofern sie bei aller Verschiedenheit einem gemeinschaftlichen Urbilde gemäß erzeugt zu sein scheinen, verstärkt die Vermutung einer wirklichen Verwandtschaft derselben in der *Erzeugung von einer gemeinschaftlichen Urmutter,* durch die stufenartige Annäherung einer Tiergattung zur anderen, von derjenigen an, in welcher das Prinzip der Zwecke am meisten bewährt zu sein scheint, nämlich *dem Menschen, bis zum Polyp,* von diesem sogar bis zu Moosen und Flechten, und endlich zu der niedrigsten uns merkliche Stufe der Natur, zur rohen Materie . . . [Hervorhebung, M. H.]". (I. Kant, Kritik der Urteilskraft, Werksausgabe Bd. X, hrsg. v. W. Weischedel, Frankfurt a. M. 1977[2], S. 374 (B 368 f.). Der Fortschritt des Schellingschen Gedankens besteht darin, daß er Evolution als eine Entwicklung von niedrigeren zu höheren Formen, „vom Polypen zum Menschen", konzipiert, während Kant von der höchsten Stufe, dem Menschen, ausgeht und die niederen Formen „bis zum Polyp" aus ihr ableitet. Zudem bringt Schelling die neue Idee einer „Stufenfolge der Produktivität" ein, d. h. er dynamisiert die Stufenleiter der Abstammung, während Kant an dem Konzept einer Folge zweckhaft organisierter Produkte festhält.

[50] Charles Bonnet (1720-1793), Zoologe, entwickelte die Stufenleiter von Leibniz weiter. Siehe W. Zimmermann, Evolution, a.a.O., S. 210 ff.

wird zu einem *Prozeß* der Höherentwicklung. Die ewige, gottgegebene Ordnung der Natur, in der jede Gattung ihren fest anberaumten Platz innehatte, verliert ihren unveränderlichen Charakter.

Schelling wurde in seiner dynamischen Naturauffassung nicht nur von Kant beeinflußt, wie später noch ausführlicher gezeigt wird (Kap. II, 2), sondern insbesondere von C. F. v. Kielmeyer, dessen 1793 gehaltene Rede „Ueber das Verhältniß der organischen Kräfte unter einander in der Reihe der verschiedenen Organisationen, die Gesetze und Folgen dieser Verhältnisse"[51] Schelling begeistert aufnahm. Kielmeyer, der durch seine anatomischen Studien bekannt war, hatte in dieser Rede den Gedanken einer allmählichen, stufenweisen Entwicklung der biologischen Organismen wissenschaftlich zu untermauern versucht.

Zu Zeiten Schellings war die Forschung noch nicht so weit, um die Zwischenglieder der Evolutionskette zu finden, die einen kontinuierlichen Übergang von einer Stufe zur anderen bewiesen hätte, obwohl z. B. Goethe durch den Fund des Zwischenkieferknochens Wichtiges auf diesem Gebiet geleistet hatte. Schelling war sich dieser empirischen Erkenntnislücken bewußt und begründete sein Festhalten an der Evolutionshypothese damit:

„Daß unsere Erfahrung keine Umgestaltung der Natur, keinen Übergang einer Form oder Art in die andere, gelehrt hat — (obgleich die Metamorphosen einiger Insekten, und, wenn jede Knospe ein neues Individuum ist, auch die Metamorphose der Pflanzen als analogische Erscheinungen wenigsten angeführt werden können) — ist gegen jene Möglichkeit kein Beweis; denn, könnte ein Verteidiger derselben antworten, die Veränderungen, denen die organische Natur, so gut als die unorganische, unterworfen ist, können (bis ein allgemeiner Stillstand der organischen Welt zu Stande kommt), in immer längern Perioden geschehen, für welche unsere kleinen Perioden (die durch den Umlauf der Erde um die Sonne bestimmt sind) kein Maß abgeben, und die so groß sind, daß bis jetzt noch keine Erfahrung den Ablauf einer derselben erlebt hat."[52]

Wenn die Naturforscher längere Zeitperioden überblicken und die Entwicklung im Zeitraffer sehen könnten, würden sie die Evolution mit eigenen Augen beobachten und untersuchen können. Zwar hat auch die moderne Biologie die phylogenetische Entwicklung nicht direkt beobachten können, doch liegen heute archäologische Forschungsergebnisse vor, die den Evolutionsverlauf recht genau rekonstruieren lassen. Wir wissen heute mit Sicherheit, *daß* eine Evolution der Lebewesen stattfand. Die innere Dynamik der Entstehung neuer Arten und Gattungen ist jedoch noch nicht ganz geklärt, wie die Debatte um die Darwinsche Evolutionstheorie zeigt.[53]

---

[51] Veröffentlicht in O. Heuschele, Geisteserbe aus Schwaben 1700-1900, Stuttgart 1951², S. 66-70. Siehe auch E. Mende, Der Einfluß von Schellings „Princip" auf Biologie und Physik der Romantik, in: Philosophia Naturalis, a.a.O., S. 470 f.

[52] F. W. J. Schelling, Von der Weltseele, eine Hypothese der höheren Physik zur Erklärung des allgemeinen Organismus, a.a.O., II 348 f.

[53] Eine Zusammenstellung der Literatur nahm J. P. Regelmann vor: Darwin und der

G. Nicolis und I. Prigogine finden es „bemerkenswert", daß im 19. Jahrhundert in den unterschiedlichsten Wissenschaftsdisziplinen eine Evolutionstheorie entwickelt wurde.[54] Möglicherweise geht diese merkwürdige Tatsache mit auf die Schellingsche Naturphilosophie zurück, die Anfang des 19. Jahrhunderts auf die Naturwissenschaften einen bedeutenden Einfluß hatte. Die Mitstreiter Schellings, wie H. Steffens und L. Oken, erhoben die *Geschichte* der Natur zum zentralen Forschungsgegenstand.[55]

„Natur und Geschichte sind den romantischen Naturforschern wesensverwandt; das wirkt sich auch auf das Wissen von der Natur aus."[56]

Die Entwicklungsidee Schellings ist bisher kaum erforscht worden, geschweige denn ihre Wirkungsgeschichte. In Darstellungen zur Geschichte der Evolutionstheorie taucht er, von wenigen Ausnahmen abgesehen,[57] nicht auf.

Nur Anfang dieses Jahrhunderts erschienen ein paar Dissertationen und Aufsätze zu Schellings Idee einer phylogenetischen Entwicklung der Arten,

---

Darwinismus. Eine kommentierte Auswahlbibliographie, in: Darwin und die Evolutionstheorie, Red. K. Bayertz u.a. (= Dialektik. Beiträge zu Philosophie und Wissenschaften, Bd. 5), Köln 1982, S. 154-169; sowie R. J. Wassersug / M. R. Rose, A Reader's Guide and Retrospective to the 1982 Darwin Centennial, in: The Quarterly Review of Biology, 59 (1984) 4, S. 417-437; sowie B. Hoppe, Die Evolutionstheorie im deutschen Sprachgebiet. Zur wissenschaftlichen, epistemologischen und wissenschaftshistorischen Auseinandersetzung im vergangenen Jahrzehnt, in: Hist. Phil. Life Sci. 7, S. 121-147.

[54] „Remarkably, the idea of evolution that appeared in physics through the second law was formulated almost simultaneously in the 19th century in biology and sociology." (G. Nicolis, I. Prigogine, Self-Organization in Nonequilibrium Systems. From Dissipative Structures to Order through Fluctuations, New York/London/Sydney/Toronto, 1977, S. 2).

[55] H. Steffens, Beyträge zur inneren Naturgeschichte der Erde. 1. Teil, Freyberg 1801; L. Oken, Allgemeine Naturgeschichte für alle Stände, 13 Bde., 1833-45. Der Biologe Oken (1779-1851) war Professor in Jena, München und Zürich. 1822 gründete er die einflußreiche „Gesellschaft deutscher Naturforscher und Ärzte", in der u.a. Berzelius und später Felix Klein aktiv wurden. Die GDNÄ hat 1980 eine Konferenz zum Thema „Wachstum und Entwicklung" abgehalten, an der auch H. Haken und M. Eigen teilnahmen, womit deutlich wird, daß in dieser Gesellschaft bis heute die Idee einer „Geschichte" der Natur lebendig geblieben ist. Dies wäre z. B. eine historische Linie, die sich weiter verfolgen ließe, um die Wirkungsgeschichte der Schellingschen Evolutionsvorstellungen zu untersuchen. Siehe auch: Wege der Naturforschung 1822-1972 im Spiegel der Versammlungen Deutscher Naturforscher und Ärzte, hrsg. v. H. Querner u. H. Schipperges, Berlin/Heidelberg/New York 1972.

[56] D. v. Engelhardt, Historisches Bewußtsein in der Naturwissenschaft von der Aufklärung bis zum Positivismus, a.a.O., S. 130. Engelhardt gibt einen guten Überblick über die historische Denkweise der romantischen Periode und ihre Wirkung auf die Naturwissenschaftler. Er konzentriert sich jedoch vornehmlich auf die Physik; die Biologie wird nur am Rande gestreift.

[57] Zu dieser Ausnahme gehört W. Coleman, Biology in the Nineteenth Century: Problems of Form, Functions and Transformations, Cambridge/New York/Melbourne 1977² (1971¹), der S. 48 f. Schellings Entwicklungsgedanken kurz würdigt.

die aufgrund ihrer differenzierten Darstellungen bis heute nicht überholt sind.[58] Einer der Autoren, E. Schertel, würdigt Schelling als den ersten Evolutionstheoretiker, nachdem er kurz die Entwicklungsideen seit Nikolaus v. Kues gestreift hat:

> „Schelling (1775-1854) dagegen gebührt der Ruhm, der erste gewesen zu sein, welcher den Entwicklungsgedanken in moderner Form der b i o l o g i s c h e n Forschung zugrunde legte und ein System der gesamten Natur auf dem evolutionistischen Prinzip aufbaute."[59]

Dieser These schließen sich die anderen Autoren, Ihmels und Metzger, nur bedingt an, da Schelling seine Evolutionshypothese an einigen Stellen wieder zurückgenommen habe, wie z. B. dieser:

> „Die Behauptung also, daß wirklich die verschiedenen Organisationen durch allmähliche Entwicklung auseinander sich gebildet haben, ist M i ß v e r s t ä n d n i s einer Idee, die wirklich in der Vernunft liegt."[60]

Dieses Zitat kann jedoch auch anders interpretiert werden als eine Kritik an der Präformationslehre, die eine mechanische, „allmähliche Entwicklung" der Lebewesen annahm, während es Schelling um echte Entstehungsprozesse ging, wo Freiheit und Notwendigkeit zusammenspielen.[61] Schellings nichtmechanistische Entwicklungsidee ist in der Diskussion um die Darwinsche Lehre viel zu wenig beachtet worden, obgleich sie im Zusammenhang mit gegenwärtigen Bemühungen der Biologen, eine über die Darwinsche Selektionstheorie hinausgehende Evolutionstheorie aufzustellen, die die *innere* Konstruktionsgeschichte der Natur zum Gegenstand hat,[62] durchaus wertvolle Anregungen geben könnte.

---

[58] C. Ihmels, Die Entstehung der organischen Natur nach Schelling, Darwin und Wundt. Eine Untersuchung über den Entwicklungsgedanken, Diss. Erlangen 1916. W. Metzger, Schelling und die biologischen Grundprobleme, in: Archiv für die Geschichte der Naturwissenschaften und Technik, a.a.O. (Metzger geht es speziell um das Vitalismusproblem). E. Schertel, Schelling und der Entwicklungsgedanke, in: Zoologische Annalen. Zeitschrift für Geschichte der Zoologie, 4 (1912) 4, S. 312-321.

[59] E. Schertel, ebenda, S. 313.

[60] F. W. J. Schelling, Erster Entwurf eines Systems der Naturphilosophie, a.a.O., III 63. Vgl. W. Metzger, ebenda, S. 176 und C. Ihmels, ebenda, S. 17.

[61] F. W. J. Schelling, ebenda, III 46 f. und 60 ff.

[62] Siehe insbesondere: W. F. Gutmann/K. Bonik, Kritische Evolutionstheorie, Hildesheim 1981. Im Rahmen dieser Arbeit kann leider nicht auf die Bedeutung Schellings für die gegenwärtige biologische Evolutionstheorie eingegangen werden, obwohl dies sehr lohnend wäre, denn hier sind die physikalischen Entwicklungstheorien Thema.

II. Vergleich zwischen Schellings Naturphilosophie und dem modernen Paradigma der Selbstorganisation

1. Die Natur ins Werden setzen

a) Auch die leblose Materie entwickelt sich

Schellings Entwicklungsidee bezog sich nicht nur auf die biologische, sondern auf die ganze Natur — einschließlich der anorganischen Materie. Dies macht die Naturphilosophie Schellings für uns heute so interessant.

„Die g a n z e Natur, nicht etwa nur ein T h e i l derselben, soll einem immer w e r d e n d e n Produkte gleich seyn. Die gesammte Natur also muß in beständiger Bildung begriffen seyn, und alles muß in jenen allgemeinen Bildungsproceß eingreifen."[1]

Die physikalische Materie muß ebenfalls in diesen Werdeprozeß einbezogen sein, denn sie ist die Grundlage allen Naturgeschehens:

„Das Dunkelste aller Dinge, ja das Dunkel selbst nach einigen, ist die Materie. Dennoch ist es eben diese unbekannte Wurzel, aus deren Erhebung alle Bildungen und lebendigen Erscheinungen der Natur hervorgehen. Ohne die Erkenntniß derselben ist die Physik ohne wissenschaftlichen Grund, die Vernunftwissenschaft selbst entbehrt des Bandes, wodurch die Idee mit der Wirklichkeit vermittelt ist."[2]

Diese Äußerungen klingen modern. Erst heute beginnt die Physik das Bild von der toten Materie zu überwinden und Gestaltungsprozesse auch in der leblosen Natur zu beachten. Bis vor kurzem stand die Evolution der Biosphäre im Widerspruch zu den Grundgesetzen der Physik. Sie konnte nur als zufällige, ephemere Randerscheinung des ansonsten leblosen Universums begriffen werden.[3] Diese Sichtweise der Naturwissenschaftler ist seit Anfang der siebziger Jahre einem grundlegenden und stürmischen Wandel unterworfen. Man entdeckt, daß auch die anorganische Materie, wie die lebendige,

---

[1] F. W. J. Schelling, Erster Entwurf eines Systems der Naturphilosophie. Für Vorlesungen, 1799, III 33.

[2] F. W. J. Schelling, Von der Weltseele, eine Hypothese der höheren Physik zur Erklärung des allgemeinen Organismus. Nebst einer Abhandlung über das Verhältniß des Realen und Idealen in der Natur oder Entwicklung der ersten Grundsätze der Naturphilosophie an den Principien der Schwere und des Lichts, 1798, II 359.

[3] Paradigmatisch für diese Sichtweise ist J. Monods „Zufall und Notwendigkeit", München 1971.

neue Formen und Strukturen entwickeln kann. Haken, einer der Pioniere der Selbstorganisationstheorie, schreibt:

> „Während es bis vor kurzem noch schien, als würde die selbständige Entstehung von Strukturen den Prinzipien der Physik widersprechen, stellt dieses Buch einen Wendepunkt des Denkens dar. Ausgangspunkt hierfür ist die Erkenntnis, daß auch in der unbelebten Materie neuartige, wohlgeordnete Strukturen aus dem Chaos herauswachsen und unter ständiger Energiezufuhr aufrechterhalten werden können."[4]

Die vielen uns umgebenden Gestalten wie Wolken, Sterne, geologische Formationen und natürlich die von Menschen geschaffenen Dinge werden nicht mehr primär unter dem Aspekt des „Seins", sondern des „Werdens" gefaßt, wie Prigogine schon im Titel seines Buches „Vom Sein zum Werden" programmatisch ankündigt. In seinem zusammen mit I. Stengers verfaßten, mehr philosophisch orientierten Buch „Dialog mit der Natur" liest man:

> „Physik und Metaphysik treffen sich heute in einer Konzeption der Welt, die den Prozeß, das Werden, als konstitutiv für die physikalische Existenz annimmt, . . ."[5].

Schelling gehört zu den „Metaphysikern", die das „Werden" der Natur in den Mittelpunkt der Betrachtung stellten.[6] Er führte harte Attacken gegen die empiristische Naturphilosophie, die die Objekte als den Sinnen gegebene Dinge voraussetzte, die es nur zu beobachten und zu analysieren gelte. Eine bloß phänomenologische Beschreibung der Sinnenwelt ist noch keine Wissenschaft:

> „Der Gegensatz zwischen Empirie und Wissenschaft beruht nun eben darauf, daß jene ihr Objekt im S e y n als etwas Fertiges und zu Stande Gebrachtes, die Wissenschaft dagegen das Objekt im W e r d e n und als ein erst zu Stande zu Bringendes betrachtet."[7]

Dieser Begriff von Wissenschaft setzt sich erst jetzt in der Physik durch. Vergleicht man das Zitat Prigogines mit dem Schellings, stellt man verblüfft

---

[4] H. Haken, Erfolgsgeheimnisse der Natur. Synergetik: Die Lehre vom Zusammenwirken, Stuttgart 1981, S. 9.

[5] I. Prigogine/I. Stengers, Dialog mit der Natur. Neue Wege naturwissenschaftlichen Denkens, München/Zürich 1981, S. 291.

[6] Dies wurde durch die Schelling-Forschung vielfach herausgestellt. Vgl. z. B. S. Dietzsch, Zeit und Geschichte. Untersuchungen zur Identitätsphilosophie F. W. J. Schellings, Phil. Diss. Leipzig 1973, S. 87 f.: In der Naturphilosophie Schellings „wurde das tätige Moment, das seit Kant die philosophische Klassik auszeichnet, aus seiner bisherigen *Verstandes*verklammerung befreit; Tätigkeit wird als ein trans-kognitives Phänomen begriffen, Tätigkeit wird zur *objektiven* Tätigkeit, wird *Natur-Prozeß.*" Schellings Entwicklungsidee wird u.a. ebenfalls gewürdigt von W. Förster, Zur Naturphilosophie Schellings, in: Naturphilosophie — von der Spekulation zur Wissenschaft, hrsg. v. H. Hörz u.a., Berlin 1969, S. 187-198. Siehe auch H. J. Sandkühler (Hrsg.), Natur und geschichtlicher Prozeß, Studien zur Naturphilosophie F. W. J. Schellings, Frankfurt a.M. 1984.

[7] F. W. J. Schelling, Einleitung zu dem Entwurf eines Systems der Naturphilosophie oder über den Begriff der speculativen Physik und die innere Organisation eines Systems dieser Wissenschaft, 1799, III 283.

fest, daß sich bis in die Formulierungen hinein Übereinstimmungen zwischen Schellings Naturphilosophie und der heutigen Sichtweise ergeben. Nicht das „Sein", sondern das „Werden" rückt in den Mittelpunkt des Interesses.

Der Unterschied beider Betrachtungsweisen ergibt sich allerdings aus dem Umstand, daß die heutige Physik Selbstorganisationen als empirische Prozesse erforscht, während Schelling das Werden der Natur primär als theoretische Konstruktionsleistung des Wissenschaftlers verstanden wissen wollte. Die Konzentration auf Theorie war für Schelling jedoch auch eine Art Notlösung, da zu seiner Zeit selbstorganisierende Prozesse als empirische Phänomene noch nicht entdeckt waren. Umso erstaunlicher sind Schellings Aussagen zur "natura naturans", der schaffenden Natur, die er der „natura naturata", der Natur als Produkt, gegenüberstellte, und seine Aufforderung, das „Centralphänomen" der Natur zu suchen, welches seiner Ansicht nach noch entdeckt werden müßte, „um die dynamische Organisation des Universums in allen ihren Theilen evident zu machen".[8] Wie sehr ihm an einer experimentellen Erfassung der Natur gelegen war, ist z. B. einer Stelle wie dieser zu entnehmen:

„In die innere Construction der Natur zu blicken, wäre nun freilich unmöglich, wenn nicht ein Eingriff durch Freiheit in die Natur möglich wäre . . . Ein solcher Eingriff in die Natur heißt Experiment."[9]

Dennoch ist im Blick zu halten, daß es Schelling als Naturphilosophen zunächst um die theoretische Darstellung der „Principien der Möglichkeit" von Natur geht, während die Physiker sich primär auf die sichtbare Außenseite der Naturprozesse konzentrieren. Bisher ist allerdings auch in der Physik noch offen, wie weitgehend die Dynamik der Entstehungsvorgänge wirklich sichtbar gemacht werden kann. Der kritische Moment der Organisierung, z. B. der Phasenübergang von einem Aggregatzustand zu einem anderen, erweist sich als unendlich komplexe Grenze.[10]

b) Werden als Ursprung

Hat denn die Physik oder zumindest die Chemie nicht schon längst *Naturprozesse* in ihrer Forschung berücksichtigt? Die Zeiten, als die Wissenschaft bloß Tatsachen sammelte und klassifizierend ordnete, sind doch längst vorbei. Die Physik beschäftigt sich seit ihrem Bestehen mit *Bewegungen* von Körpern und die Chemie mit qualitativen *Zustandsänderungen* – auch schon

---

[8] Ebenda, III 279.

[9] Ebenda, III 276.

[10] Siehe insbesondere die Arbeiten der Bremer Forschungsgruppe „Komplexe Dynamik" um P. H. Richter und H. O. Peitgen: Morphologie komplexer Grenzen. Bilder aus der Theorie dynamischer Systeme, Bremen 1984.

zu Schellings Zeiten. Was ist das Neue an den Vorstellungen von Schelling, Haken und Prigogine?

Die Naturwissenschaftler erforschten zwar Prozesse, aber nur die funktionalen Relationen innerhalb oder zwischen bereits existenten Prozessen, oder wie es Schelling auf den Begriff bringt:

„höchstens das Handeln als F a k t u m , n i c h t d a s H a n d e l n s e l b s t im Handeln".[11]

Nehmen wir als Beispiel die Photosynthese, einen sehr verwickelten Mechanismus, der aus bloßem Wasser, Kohlendioxyd und Sonnenenergie die organischen Substanzen der grünen Pflanzen aufbaut. Physiker, Chemiker und Biologen konzentrierten sich auf den komplizierten Mechanismus dieses Umwandlungsprozesses und konnten dabei tiefe Einsichten in den Funktionsverlauf der pflanzlichen Produktionsstätte gewinnen. Wie die Photosynthese funktioniert und wie die einzelnen Umwandlungsprozesse ablaufen, ist weitgehend entschlüsselt, aber die Frage, wie diese „geniale" Konstruktion von der Natur erstmals erzeugt wurde, blieb im Dunkeln und wurde meist gar nicht gestellt. Die Naturwissenschaftler haben die vielfältigen Mechanismen und Prozesse, die in der Natur zu finden sind, bis in die jüngste Zeit immer als gegeben vorausgesetzt, das „Handeln als Faktum" angesehen und nicht als Schöpfung. Neu an der modernen Fragestellung ist, daß man die *Entstehung* all dieser Prozesse, seien sie physikalischer, chemischer oder biologischer Natur, zu ergründen sucht.

„Auch in der Wissenschaft befaßte man sich lange nur mehr mit der Frage, wie Strukturen aufgebaut sind und nicht damit, wie sie entstehen. Erst in der neueren Zeit wendet sich das Interesse der Forschung immer mehr dieser letzteren Frage zu."[12]

Unter Strukturen werden nicht nur räumliche Strukturen gefaßt, wie z. B. Kristalle, sondern auch zeitliche, wie periodische Schwingungen oder funktionale, wie die Photosynthese. Die selbstgestellte Aufgabe der Naturwissenschaft, diese Gebilde *strukturell-analytisch* zu sezieren und wieder zusammenzufügen, wird heute ergänzt durch eine *genetische* Betrachtungsweise. Schellings Rat an den Anatomen:

„Er frage nicht: wozu dient dieses oder jenes Organ? sondern: wie ist es entstanden?"[13]

wird heute eher befolgt als zu seiner Zeit.

Weder Schelling noch die modernen Selbstorganisationstheoretiker meinen mit „Entstehung" determinierte Wandlungsprozesse, wie zum Beispiel

---

[11] F. W. J. Schelling, Erster Entwurf eines Systems der Naturphilosophie. Für Vorlesungen, a.a.O., III 13.

[12] H. Haken, Erfolgsgeheimnisse der Natur. Synergetik: Die Lehre vom Zusammenwirken, a.a.O., S. 15.

[13] F. W. J. Schelling, Vorlesungen über die Methode des akademischen Studiums, 1802, V 343.

die Metamorphose der Larven zu Insekten oder die ebenfalls relativ durch die DNS vorprogrammierten Wachstumsprozesse bei der Ontogenese von Organismen. Nicht die Entwicklung der Blume aus dem Samen, oder die Entstehung des Kükens aus dem Ei als vererbte Mechanismen stehen im Brennpunkt des Interesses, sondern die Frage, wie dieser Vererbungsmechanismus selbst entstanden ist. Die Entstehung der Vererbung vor Millionen von Jahren war selbst nicht vererbt.

Schellings programmatische Aussage:

„Wir müssen, was O b j e k t ist, in seinem e r s t e n U r s p r u n g erblicken."[14]

wird erst heute von den Naturwissenschaftlern in vollem Umfang begriffen. Plötzlich sieht man überall Selbstordnungsphänomene: im physikalischen Plasma, in Flüssigkeiten, im Licht (Laserstrahlen), in chemischen Prozessen und vielen anderen Medien. Die „Objekte", die man zu Schellings Zeiten bis in unser Jahrhundert als ewige, unveränderliche Gebilde ansah, werden plötzlich in ihrem „ersten Ursprung" erblickt. Sie verlieren ihre fixe Starrheit und werden dynamisiert.[15] Man interessiert sich nun dafür, welche Prozesse die Elemente unseres Periodensystems hervorgebracht haben,[16] wie die Sterne und Galaxien entstanden sind,[17] wie sich die Erdrinde und die Erdatmosphäre entwickelt haben.[18] Der Ursprung des Universums und die ersten Phasen seiner Entwicklung werden erforscht.[19] Man traut sich nun zu, das Rätsel der Entstehung des Lebens zu lösen, und untersucht die präbiotischen Vorgänge, die zur Bildung eines genetischen Apparates führten.[20] Aber auch

---

[14] F. W. J. Schelling, Erster Entwurf eines Systems der Naturphilosophie. Für Vorlesungen, a.a.O., III 13.

[15] Vgl. die populärwissenschaftlichen Darstellungen von E. Jantsch, Die Selbstorganisation des Universums. Vom Urknall zum menschlichen Geist, München/Wien 1979; P. Lüth. Der Mensch ist kein Zufall. Umrisse einer modernen Anthropologie, Stuttgart 1981; A. Unsöld, Evolution kosmischer, biologischer und geistiger Strukturen, Stuttgart 1981; F. B. Krueger, Physik und Evolution. Physikalische Ansätze zu einer Einheit der Naturwissenschaften auf evolutiver Grundlage, Berlin/Hamburg 1984.

[16] J. Audouze/S. Vaclair, Die Entstehung der Elemente. Einführung in die Nuklear-Astrophysik, Stuttgart 1974.

[17] G. B. Field/G. L. Verschuur/C. Ponnamperuma, Cosmic Evolution: An Introduction to Astronomy, Boston 1978, insbesondere S. 243-318.

[18] H. Berckhemer, Die Entwicklung der Erdrinde, in: Naturwissenschaften, 68 (1981) 6, S. 323-327; C. Junge, Die Entwicklung der Erdatmosphäre und ihre Wechselbeziehung zur Entwicklung der Sedimente und des Lebens, in: Naturwissenschaften, 68 (1981) 6, S. 236-244.

[19] S. Weinberg, Die ersten drei Minuten. Der Ursprung des Universums, München 1979.

[20] M. Eigen, Selforganization of Matter and the Evolution of Biological Macromolecules, in: Naturwissenschaften, 58 (1971) 10, S. 465-523; H. Kuhn, Modellbetrachtungen zur Frage der Entstehung des Lebens, in: Jahrbuch der Max-Planck-Gesellschaft, 1973, S. 104-130; ders., Zur Evolution eines sich selbst organisierenden präbiotischen Systems, in: Evolution, hrsg. v. J.-H. Scharf, Halle (Saale) 1975, S. 149-164.

Milk Drops
Thicker layer of milk
Ronald Bucchino

1

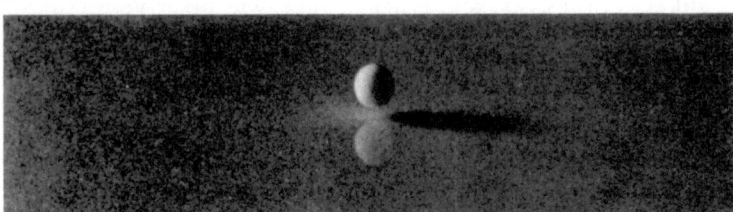

2

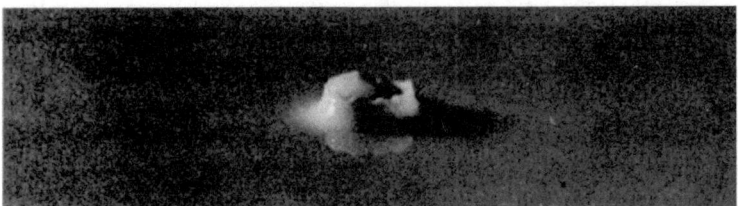

3

4

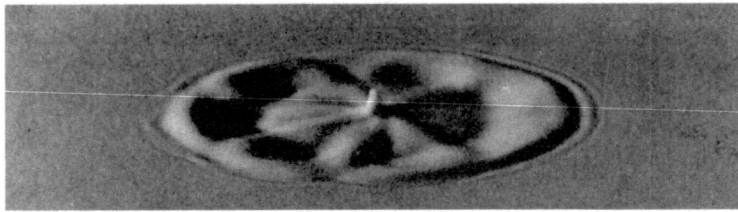

Abb. 1: Die Bildung der symmetrischen Speichen im vierten Bild, sowie die Ablösung des Tröpfchen im siebten Bild geschieht unerwartet. Aus der im Grunde einfachen Anfangsbedingung, daß eine runde Kugel auf eine ebene Fläche fällt, entwickelt sich etwas sehr Kompliziertes. Statt sich gleich aufzulösen oder evtl. noch ein paar kleinere, ungeordnete Turbulenzen hervorzurufen, erscheint plötzlich eine Struktur. Warum entstehen Speichen? Und nicht z. B. ein bloß wellenförmiges Muster?

5

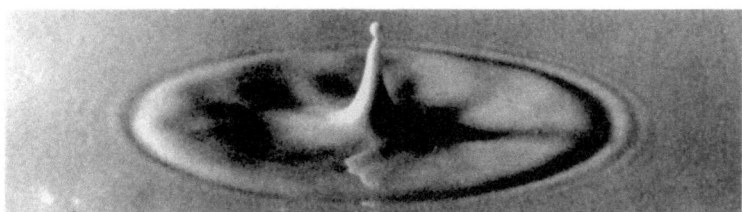

6

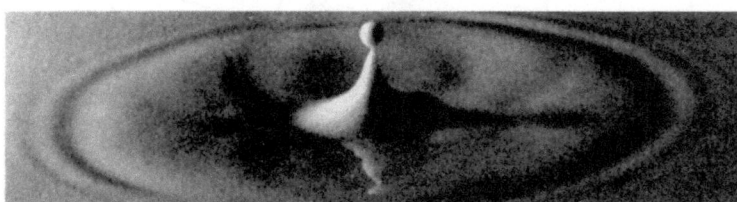

7

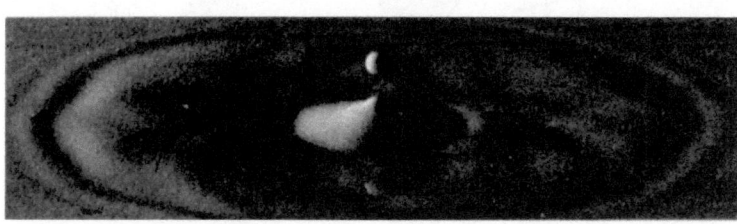

8

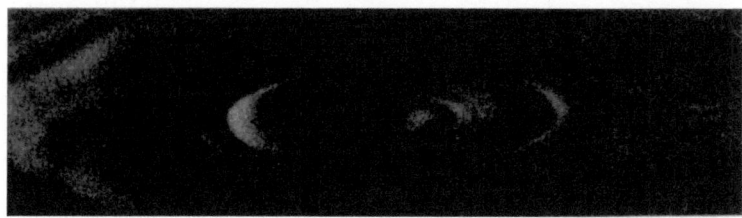

Warum entstehen acht Speichen und nicht drei oder zehn? Diese Fragen
sind bisher schwer beantwortbar.

(aus: E. Edgerton, J. R. Killian, Moments of Vision. The Stroboscopic
Revolution in Photography, Massachusetts, Cambridge, London 1979,
S. 24)

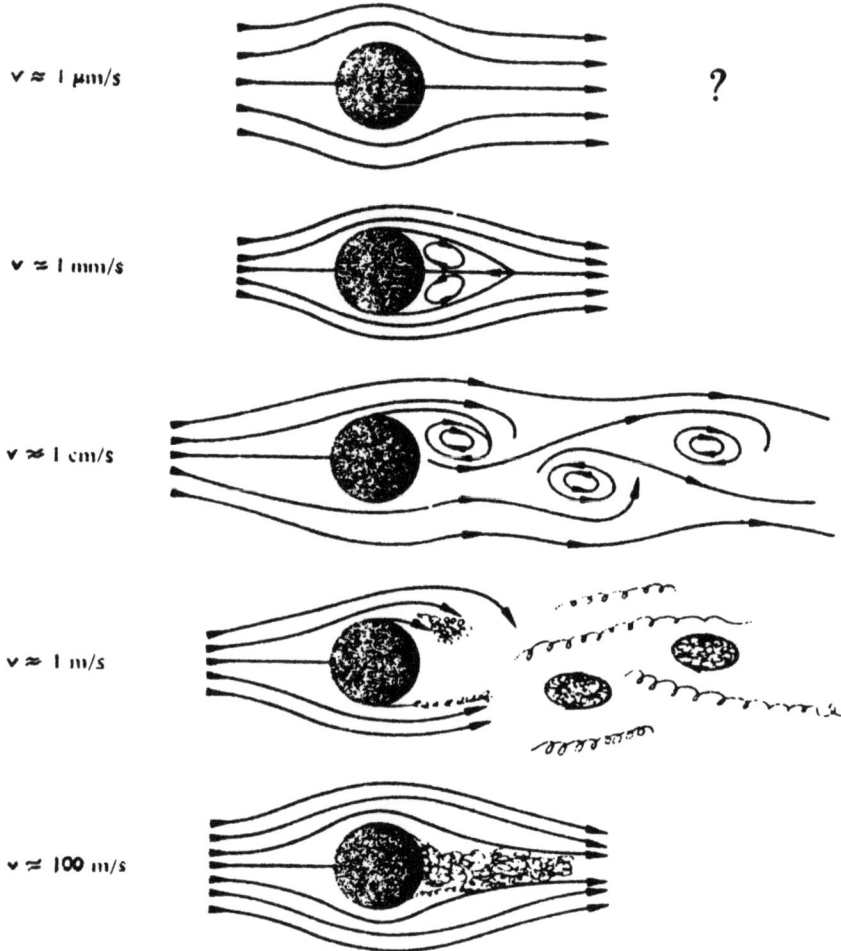

Abb. 2: Umströmung eines Zylinders bei verschiedenen Strömungsgeschwindigkeiten. Der Zylinderdurchmesser beträgt 1 cm, bei dem Fluid handelt es sich um Wasser. Die ungleichmäßig verwirbelten Bahnen hinter dem Zylinder sollen turbulente Strömung andeuten. Der Bereich sehr kleiner Geschwindigkeiten (Abb. ganz oben) ist mit einem Fragezeichen versehen, weil es nicht geklärt ist, ob sich die hier skizzierte Potentialströmung tatsächlich einstellt.

(aus: I. Rehberg, Phasenübergänge und hydrodynamische Instabilitäten, in: Physik in unserer Zeit, 12 (1981) 5, S. 131-137, hier S. 131) unscheinbare Vorgänge, wie das Fallen von Milchtröpfchen in eine ruhende Flüssigkeit, zeigen bei genauerem Hinsehen erstaunliche Strukturbildungen (Abb. 1). An Forschungsgegenständen, die experimentell besser zu konstruieren und zu manipulieren sind, wie etwa hydrodynamische Wirbelbildungen (Abb. 2) oder chemische Reaktionen, versucht man, den Wirkungsprinzipien der Gestaltbildung auf die Spur zu kommen.[21] Die Dynamisierung des Naturverständnisses zieht sich durch alle wissenschaftlichen Teildisziplinen.

„Wir entdecken, angefangen von den Elementarteilchen bis hin zu den kosmologischen Modellen, den Primat von Zeit und Wandel."[22]

Schelling hatte noch nicht die experimentellen und mathematischen Instrumentarien, um exakte Versuchsergebnisse zu erzielen. Ihm ging es auch mehr um die Konzipierung neuer Fragestellungen und um die gedankliche Durchdringung von Entstehungsprozessen. In moderner Terminologie ausgedrückt, ging es Schelling um die Aufstellung eines neuen Paradigmas, welches die empirische und mechanistische Naturkonzeption der Einzelwissenschaften um eine genetisch-historische Dimension erweitern sollte. Die analytische Zergliederung als Forschungsmethode wurde von ihm keineswegs per se abgelehnt, er wollte sie nur in einen breiteren begrifflichen Kontext eingebettet wissen, damit die wesentlichen Prozesse der Natur nicht von den Forschern übersehen werden. Er schreibt:

„Die Philosophie wird g e n e t i s c h, d. h. sie läßt die ganze nothwendige Reihe unserer Vorstellungen vor unsern Augen gleichsam entstehen und ablaufen. Von nun an ist zwischen Erfahrung und Spekulation keine Trennung mehr. Das System der Natur ist zugleich das System unseres Geistes, und jetzt erst, nachdem die große Synthesis vollendet ist, kehrt unser Wissen zur Analysis (zum F o r s c h e n und V e r - s u c h e n) zurück. Aber noch ist dieses System nicht da; . . . .".[23]

---

[21] P. Schuster, Structure of Liquids, Berlin 1975; I. Rehberg, Phasenübergänge und hydrodynamische Instabilitäten, in: Physik in unserer Zeit, 12 (1981) 5, S. 131-137. Zu den chemischen Versuchen vgl. G. Nicolis, I. Prigogine, Self-Organization in Nonequilibrium Systems, From Dissipative Structures to Order through Fluctuations, New York/London/ Sydney/Toronto 1977, S. 339-353.

[22] I. Prigogine/I. Stengers, Dialog mit der Natur. Neue Wege naturwissenschaftlichen Denkens, a.a.O., S. 281.

[23] F. W. J. Schelling, Ideen zu einer Philosophie der Natur als Einleitung in das Studium dieser Wissenschaft, 1797, II 39. Daß Schelling kein Gegner der empirischen Forschung war, läßt sich auch Sätzen wie diesem entnehmen: „W i r w i s s e n n i c h t n u r d i e ß o d e r j e n e s, s o n d e r n w i r w i s s e n u r s p r ü n g l i c h ü b e r h a u p t n i c h t s a l s d u r c h E r f a h r u n g, und m i t t e l s t d e r E r f a h r u n g, und insofern besteht unser ganzes Wissen aus Erfahrungssätzen." (Einleitung zu dem Entwurf eines Systems der Naturphilosophie oder über den Begriff der speculativen Physik und die innere Organisation eines Systems dieser Wissenschaft, a.a.O., III 278). Der Unterschied zum herkömmlichen Begriff der Erfahrung besteht darin, daß diese nur dinghafte Objekte empirisch faßt, während Schelling auch die Genese der Objekte in die empirische Forschung einbeziehen will.

Schellings selbstgestellte Aufgabe bestand vorerst darin, diese „Synthesis"
zu leisten, die Trennung von Empirie und Spekulation, bzw. Natur und Geist
aufzuheben. Was ist damit gemeint?

Die Spaltung zwischen den experimentellen Wissenschaften und der Philosophie entwickelte sich dadurch, daß die Naturwissenschaftler die Natur
als sinnlich gegebene Objektwelt betrachteten, während die Wissenschaftler
des Geistes (insbesondere seit Kant und Fichte) das tätige, schöpferische
Subjekt untersuchten, welches die kausalen „Vorstellungsreihen" und mithin
die Naturgesetze allererst hervorbringt. Schellings große Idee war, daß die
Kluft zwischen Natur und Geist, bzw. den Natur- und Geisteswissenschaften,
dann überwunden werden könne, wenn auch die Natur in ihrer Genese erfaßt
wird. Wenn die Naturforscher sich auf die Erzeugungsprozesse der Natur
konzentrierten, auf die erste Entstehung von Gesetzmäßigkeiten und kausalen Mechanismen, dann würde die Wesensverwandtschaft zwischen Natur
und Geist erkannt werden, die darin besteht, daß beide Sphären ihre Objekte
durch einen schöpferischen Prozeß hervorbringen. Schelling faßte das Ziel
seiner Philosophie in dem berühmten Satz zusammen:

„Die Natur soll der sichtbare Geist, der Geist die unsichtbare Natur seyn."[24]

Wenn diese umfassende Synthesis geleistet und verstanden worden ist,
dann erst ist es sinnvoll, zur „Analysis (zum Forschen und Versuchen)"
zurückzukehren, dann erst ist eine Erkenntnis der inneren Dynamik der
Natur, ein Verständnis ihres „inneren Triebwerkes" möglich. Jeder andere
Versuch bleibt an der äußeren Oberfläche der Objektwelt hängen. Wie wahr
diese Worte sind, werden wir später im Zusammenhang mit den heutigen
Problemen, eine Theorie der Selbstorganisation zu entwickeln, näher
ausführen.

Schellings Naturphilosophie ist der Versuch, eine neue Physik zu begründen, eine Physik, die im Unterschied zur traditionellen alle Phänomene in
ihrer ersten Ursprünglichkeit fassen sollte. Er nennt seine neue Disziplin
„speculative Physik".[25] Diese sollte nicht nur die neue Sichtweise theoretisch
(philosophisch) begründen, sondern fußend auf den naturwissenschaftlichen
Kenntnissen seiner Zeit, die Entwicklungsidee konkret auf einzelwissen-
schaftliche Probleme anwenden. Besonders in seinen Schriften „Von der
Weltseele..." und „Erster Entwurf eines Systems der Naturphilosophie..."
verarbeitet Schelling eine Fülle von Material aus der Elektrizitätslehre, der
Meteorologie (!), der Physiologie usw., um es mit dem „organisirenden
Princip" zu beleben:

[24] F. W. J. Schelling, Ideen zu einer Philosophie der Natur als Einleitung in das Studium
dieser Wissenschaft, a.a.O., II 56.

[25] Vgl. dazu Schellings Ausführungen in: Einleitung zu dem Entwurf eines Systems der
Naturphilosophie oder über den Begriff der speculativen Physik und die innere Organisation eines Systems dieser Wissenschaft, a.a.O., III 274 ff.

„Philosophiren über die Natur heißt, sie aus dem todten Mechanismus, worin sie befangen erscheint, herausheben, sie mit Freiheit gleichsam beleben und in eigne freie Entwicklung versetzen — . . ."[26]

Es würde sich lohnen, seine „genetischen Konstructionen" im einzelnen zu verfolgen und für moderne Theoriebildungen der Physik fruchtbar zu machen, was bisher noch kaum geschehen ist. Ein erster Versuch in diese Richtung wurde von Erich Mende unternommen, der in einem kurzen Aufsatz den Zusammenhang zwischen Schellings Kosmogonie und Hubble's Entdeckung eines expandierenden Universums herstellte.[27]

Interessant ist, daß Schelling auch schon einzelne, beobachtbare Entstehungsprozesse in den Blick nahm, die heute zum zentralen Forschungsgegenstand der Selbstorganisationsphysik geworden sind, z. B. Wirbelbildungen:

„Man denke sich einen Strom, derselbe ist r e i n e I d e n t i t ä t , wo er einem Widerstand begegnet, bildet sich ein Wirbel, dieser Wirbel ist nichts Feststehendes, sondern in jedem Augenblick Verschwindendes, in jedem Augenblick wieder Entstehendes."[28]

Heute würden wir die homogene, strukturlose Strömung, die sich mit einer unterkritischen Geschwindigkeit bewegt, nicht „reine Identität" nennen, sondern „laminare Strömung", womit aber das gleiche gemeint ist.

Aufgrund des geringen Kenntnisstandes seiner Zeit konnte Schellings anspruchsvolles Programm von den zeitgenössischen Naturwissenschaftlern noch nicht erfolgreich realisiert werden. Heute bieten sich bessere Voraussetzungen, seine Ideen aufzugreifen.

---

[26] F. W. J. Schelling, Erster Entwurf eines Systems der Naturphilosophie. Für Vorlesungen, a.a.O., III 13.

[27] E. Mende, Schellings Hypothese eines organischen Ursprunges des Weltsystems und die Beobachtung der Spiralnebel durch Edwin P. Hubble, in: Philosophia Naturalis, 16 (1976/77), S. 437-444. Meines Wissens ist hier der erste Versuch unternommen worden, die Schellingsche Naturphilosophie auf die moderne Physik zu beziehen.
Ein weiterer Versuch wurde jüngst von B. Kanitscheider unternommen in seinem Beitrag: Über Schellings ‚spekulative Physik' und einige Elemente einer idealistischen Epistemologie in der gegenwärtigen Kosmologie, in: R. Heckmann, H. Krings, R. W. Meyer (Hrsg.), Natur und Subjektivität. Zur Auseinandersetzung mit der Naturphilosophie des jungen Schelling. Referate, Voten, Protokolle der II. Internationalen Schelling-Tagung Zürich 1983, Stuttgart 1985, S. 239-264.

[28] F. W. J. Schelling, Einleitung zu dem Entwurf eines Systems der Naturphilosophie oder über den Begriff der speculativen Physik und die innere Organisation eines Systems dieser Wissenschaft, a.a.O., III 289.

2. Der Begriff der Selbstorganisation

a) Ein neues Wort?

Die Begriffe „Werden", „Entwicklung", „Prozeß" und „Entstehung" können die spezifische Bedeutung des ersten Ursprungs einer Organisation, wie z. B. die erste Entstehung des Lebens, nicht adäquat wiedergeben, da sie auch deterministische Vorgänge wie mechanische Bewegungen, chemische Umwandlungen oder biologische Mechanismen beinhalten. Man hat daher die sog. „spontanen" Entstehungsprozesse unter einem neuen Begriff zusammengefaßt, dem Begriff der Selbstorganisation.

Aber ist dieser Begriff wirklich so neu? Nach dem, was wir bereits von Schelling erfahren haben, wundert es kaum mehr, bei ihm zu lesen:

„die Natur hat ihre Realität aus sich selbst — sie ist ihr eignes Produkt — ein aus sich selbst organisirtes und sich selbst organisirendes Ganzes."[29]

Dieser in einem Vorlesungsmanuskript von Schelling mit einer bewundernswerten Leichtigkeit hingeworfene Satz könnte von einem modernen Autor wie Prigogine oder Haken stammen — mit dem einen Unterschied, daß Schelling die *ganze* Natur als sich selbst organisierendes Produkt faßt, während sich Prigogine und Haken auf viele *einzelne* Selbstorganisierungsprozesse konzentrieren, Haken jedoch mit dem Ziel, die Universalität dieser Prozesse zu erkennen. Welche Differenz zwischen Hakens und Schellings Universalitätsbegriff existiert, werden wir später sehen.

b) Anknüpfung an Kant

Der Begriff „Selbstorganisation" ist keine Neuschöpfung Schellings. Er übernahm ihn nach eigener Auskunft von Kant,[30] der in der „Kritik der

---

[29] F. W. J. Schelling, Erster Entwurf eines Systems der Naturphilosophie. Für Vorlesungen, a.a.O., III 17.

[30] Schellings Bezugnahme auf Kants KdU findet sich u.a. in: Von der Weltseele, eine Hypothese der höheren Physik zur Erklärung des allgemeinen Organismus, a.a.O., II 520. Wie sehr Schelling v. a. auch den Naturphilosophen Kant schätzte, ist seiner Rede „Immanuel Kant", 1804, VI 1-10 zu entnehmen. S. Dietzsch erforschte die Zusammenhänge zwischen Kant und Schelling, besonders im Hinblick auf den Begriff der „intellektuellen Anschauung", und kommt zu der überraschenden Schlußfolgerung, daß Schelling wie Schiller ein „weiterdenkender Kantianer" ist. (S. Dietzsch, Zeit-Geschichte-Kunst. Zur Struktur von Schellings „System des transzendentalen Idealismus" (1800), in: ders., Natur — Kunst — Mythos. Beiträge zur Philosophie F. W. J. Schellings, Berlin 1978, S. 91-106.) Eine ausführlichere Untersuchung nahm Dietzsch in seiner Dissertation vor: Zeit und Geschichte. Untersuchungen zur Identitätsphilosophie F. W. J. Schellings, a.a.O. Zum Verhältnis Schellings zu Kants KdU siehe auch K. Düsing, Teleologie der Natur. Eine Kant-Interpretation mit Ausblicken auf Schelling, in: R. Heckmann, H. Krings, R. W. Meyer (Hrsg.), Natur und Subjektivität, a.a.O., S. 187-210.

Urteilskraft" den Unterschied zwischen einem Mechanismus und einem Organismus herausgearbeitet hatte und zu dem Ergebnis gekommen war, daß sich ein Organismus selbst organisiert.[31] Um zu prüfen, ob sich Schellings Begriff der Selbstorganisation mit dem modernen Verständnis deckt, ist ein Rückgriff auf Kant notwendig, denn nur dann wird deutlich, warum Schelling schon frühzeitig andere Bezeichnungen wählte. Kant schreibt:

> „Ein organisiertes Wesen ist also nicht bloß Maschine: denn die hat lediglich b e w e g e n d e Kraft; sondern es besitzt in sich b i l d e n d e Kraft, und zwar eine solche, die es den Materien mitteilt, welche sie nicht haben (sie organisiert):also eine sich fortpflanzende bildende Kraft, welche durch das Bewegungsvermögen allein (den Mechanism) nicht erklärt werden kann.
>
> Man sagt von der Natur und ihrem Vermögen in organisierten Produkten bei weitem zu wenig, wenn man dieses ein A n a l o g o n   d e r   K u n s t nennt; denn da denkt man sich den Künstler (ein vernünftiges Wesen) außer ihr. *Sie organisiert sich vielmehr selbst,* und in jeder Spezies ihrer organisierten Produkte, zwar nach einerlei Exemplar im Ganzen, aber doch auch mit schicklichen Abweichungen, die die Selbsterhaltung nach den Umständen erfordert. [Hervorhebung, M. H.]"[32]

Kants Begriff der Selbstorganisation bezieht sich auf bereits existierende „organisierte Wesen". Diese besitzen „bildende Kraft", die es ihnen ermöglicht, Materie zu organisieren und, wie er an anderer Stelle schreibt, zu „spezifisch-eigentümlicher Qualität" zu verarbeiten.[33] Offensichtlich bezieht sich Kant hier auf das Vermögen von Organismen, sich selbst zu *reproduzieren,* wie wir heute sagen würden. Organismen reproduzieren sich selbst als Individuen, aber auch der Gattung nach, oder wie Kant formuliert: „in jeder Species ihrer organisierten Produkte, zwar nach einerlei Exemplar im Ganzen, aber doch mit schicklichen Abweichungen".

Kant erläutert diesen Sachverhalt am Beispiel eines Baumes.[34] Indem ein Baum einen anderen „von derselben Gattung" hervorbringt, ist er Ursache; da er aber ebenfalls von derselben Gattung hervorgebracht wurde, ist er zugleich Wirkung. Als Gattung ist der Baum daher sowohl Ursache als auch Wirkung seiner selbst. Keine äußeren Faktoren bringen die Gattung „Baum" hervor, sie reproduziert sich vielmehr selbst. Gleiches gilt für den einzelnen, individuellen Baum. Er wächst, indem er Bestandteile seiner Umgebung aufnimmt. Insofern, als er nur aus diesen Bestandteilen besteht, ist er Produkt, Wirkung. Aber er kann keineswegs als mechanische Wirkung äußerer Naturstoffe und Naturkräfte angesehen werden, denn die Verarbeitung der Grundstoffe geschieht nach Maßgabe des inneren „Scheidungs- und

---

[31] I. Kant, Kritik der Urteilskraft, Werksausgabe, Bd. X, hrsg. v. W. Weischedel, Frankfurt a.M. 1977, 2. Teil: Kritik der teleologischen Urteilskraft, S. 305-456, A 261-476, B 265-482.

[32] Ebenda, B 293.

[33] Ebenda, B 287.

[34] Ebenda, B 287 f.

Bildungsvermögens" des Baumes. Der Baum ist so — wie jedes organische Wesen — auch individuell Ursache und Wirkung seiner selbst, er reproduziert sich selbst.

Zur Beurteilung der Kantischen Darlegungen müssen zwei Sachverhalte unterschieden werden, die Kant selbst noch nicht klar voneinander abgrenzen kann:

1. der Mechanismus der Selbstreproduktion
2. die Existenz der Selbstreproduktionsfähigkeit.

Erst durch die bahnbrechenden Forschungsergebnisse der Genetik in diesem Jahrhundert konnte aufgedeckt werden, daß der Selbstreproduktion tatsächlich ein Mechanismus zugrundeliegt. Ein komplizierter *Regelungsmechanismus,* der mittels kybernetischer Modelle erfaßt werden kann, sorgt für die Reproduktion sowohl der Individuen (Stoffwechsel) als auch der Gattung (Fortpflanzung). Der „Künstler" liegt also nicht, wie Kant richtig beobachtet, außerhalb der Organisation, sondern in ihr selbst, in Form der durch die DNS gesteuerten Regelkreise. Der „Zweck", der Kant so viel Kopfzerbrechen bereitet, weil er außerhalb der von ihm mit Wissenschaft gleichgesetzten Mechanik liegt, wird in der Terminologie der Kybernetik zum „Sollwert", nach dem sich die Reproduktionsmechanismen ausrichten. Die individuelle Organisation ist hier insofern „Ursache und Wirkung von sich selbst", als die Reproduktion zyklisch im Organismus verläuft, d. h. nicht von äußeren Ursachen bewirkt wird. Ursachen und Wirkungen laufen in sich selbst zurück.

Dieser Begriff der Reproduktion ist *nicht* mit dem modernen Begriff der Selbstorganisation gleichzusetzen,[35] denn bei der Selbstorganisation geht es paradigmatisch um die *erste Entstehung* dieser Regelungsmechanismen und nicht um die Analyse der kausalen Verknüpfungen innerhalb dieser Mechanismen.[36] Die Selbstorganisationsforschung fragt primär nach den Ursachen der Existenz der Selbstreproduktionsfähigkeit, wie unter Punkt 2 angegeben, oder anders formuliert: sie fragt nach dem Ursprung selbstreferentieller Systeme.[37]

Hatte Kant einen modernen Begriff von Selbstorganisation oder eher einen kybernetischen Begriff von determinierter Selbstreproduktion? Diese Frage

---

[35] Insbesondere populärwissenschaftliche Darstellungen aus jüngster Zeit verfallen häufig dem Fehler, Selbstorganisation mit Selbstreproduktion zu identifizieren. Vgl. z. B. F. Capra, Wendezeit: Bausteine für ein neues Weltbild, München 1983.

[36] Siehe G. Nicolis/I. Prigogine, Self-Organization in Nonequilibrium Systems. From Dissipative Structures to Order through Fluctuations, New York/London/Sydney/Toronto 1977, S. 354-428.

[37] Siehe insbesondere M. Eigen, Selforganization of Matter and the Evolution of Biological Macromolecules, in: Naturwissenschaften, 58 (1971), 10, S. 465-523.

ist nicht so einfach zu beantworten. Kant betrachtet zwar vornehmlich selbstreproduktive Prozesse, faßt diese aber nicht als Mechanismen auf wie die heutige Genetik.

Zu Zeiten Kants und auch Schellings gab es zwei genetische Modelle: die von den Mechanisten vertretene *„Präformationslehre“*, die „Evolution“ im wörtlichen Sinne als „Auswickeln“ schon vorhandener Anlagen verstand, und die *„Epigenesislehre“*, die meist von Vitalisten gelehrt wurde, und die die Ontogenese und Phylogenese als jedesmaligen Zeugungsvorgang begriff.[38]

Die moderne Genetik kann man als eine neue Variante der Präformationslehre betrachten, da sie Wachstum, Stoffwechsel und Fortpflanzung als DNS-„programmierte“ oder -determinierte Vorgänge fassen will. Heute scheint man, wesentlich beeinflußt durch das Paradigma der Selbstorganisation, jedoch mehr den anderen Weg einzuschlagen und ontogenetische Prozesse als epigenetische aufzufassen.[39] In diesem Falle gibt zwar die ererbte DNS-Struktur eine bestimmte Richtung der Ontogenese vor, aber nur eine Richtung; die Realisierung der Sollwerte geschieht dagegen in permanenter Wechselwirkung mit der Umgebung, die selbst wiederum die Sollwerte verändert. Die DNS stellt also einen bestimmten Rahmen der Entwicklung dar, so daß z. B. aus einem Elefanten wieder ein Elefant wird und nicht ein Esel, aber die individuelle Ausformung ist keineswegs festgelegt. Man gewinnt heute mehr und mehr die Überzeugung, daß selbst Prozesse, die *in* „organisierten Wesen“ stattfinden, wie z. B. Stoffwechselprozesse oder Prozesse des Immunsystems, „epigenetische“, sich selbst organisierende Prozesse sind.[40] Die Annahme, daß die Struktur der Gene das Leben des daraus entstehenden Organismus enthält, läßt sich nicht mehr aufrechterhalten; und die Annahme, daß der Organismus, einmal entstanden, bloßen Regelungs*mechanismen* unterliege, stellt sich als grobe Vereinfachung heraus.

Kommen wir zu Kant zurück! Erstaunlicherweise entscheidet er sich nicht für die damals existierende Präformationslehre, sondern für die Lehre der Epigenesis,

---

[38] Vg. S. F. Mason, Geschichte der Naturwissenschaft in der Entwicklung ihrer Denkweisen, Stuttgart 1974, S. 432-443.

[39] Siehe insbesondere die Theorie der Autopoiese von H. Maturana in seinem Buch: Erkennen: Die Organisation und Verkörperung von Wirklichkeit. Ausgewählte Arbeiten zur biologischen Epistemologie, Braunschweig 1985². Vgl. auch E. Jantsch, Die Selbstorganisation des Universums, a.a.O., S. 208 ff., der jedoch irrt, wenn er S. 32 schreibt, daß der Engländer C. Waddington 1947 erstmals den Begriff „Epigenese“ in die Biologie eingeführt habe. Bereits 1759 stellte C. Fr. Wolff der damals herrschenden Präformationstheorie die Epigenesis-Theorie gegenüber. Der Streit zwischen diesen Theorien zog sich bis ins 19. Jahrhundert.

[40] Siehe z. B. A. Babloyantz, Self-organization Phenomena in Multiple Unit Systems, in: Dynamics of Synergetic Systems, hrsg. v. H. Haken, Berlin/Heidelberg/New York 1980, S. 180-204; und R. Lefèver, Dynamics of Cell-Mediated Immune Response, in: ebenda, S. 205-217.

„weil sie die Natur in Ansehung der Dinge, welche man ursprünglich nur nach der Kausalität der Zwecke sich als möglich vorstellen kann [gemeint sind Organisationen, M. H.], doch wenigstens, was die Fortpflanzung betrifft, *als selbst hervorbringend, nicht bloß als entwickelnd,* betrachtet, . . . [Hervorhebung, M. H.]".[41]

Die Ähnlichkeiten zum modernen Begriff der Selbstorganisation sind nicht zu übersehen.

Kant liefert ausführliche Begründungen dafür, daß die Entstehung von Organisationen prinzipiell nicht mechanistisch erklärt werden kann. Die Präformationslehre verschiebt das Problem der Genese von Organismen nur in den Uranfang und muß notgedrungen annehmen, daß ein Gott die auswickelbaren Urkeime geschaffen hat. Die Probleme der modernen Genetik bezüglich des Ursprungs der genetischen Information bestätigen Kants Sichtweise. Kant, der von Prigogine und Stengers einseitig als Anhänger Newtons gebrandmarkt wird,[42] war derjenige, der erstmals die *Grenzen* der mechanistischen Naturauffassung präzise herausgearbeitet hat — m. E. präziser noch als Schelling.[43] Die Aussage Kants, daß es keinen Newton des Grashalms geben könne, hat sich heute als richtig erwiesen.[44]

Kant sah die Grenzen der Mechanik, konnte sie jedoch noch nicht überschreiten. Die Erkenntnis der Natur ist, seiner Ansicht nach, aufgrund der Struktur unseres Verstandes gleichbedeutend mit der Einsicht in ihren Mechanismus — und darauf muß alle Theorie gehen. Die Idee der Selbstorganisation kann *heuristisch* für Forschungszwecke wertvoll sein; sie erklärt aber nichts. Als *regulatives Prinzip* ist sie scharf von einem *konstitutiven Prinzip* abzugrenzen.[45] Kant schreckte vor dem Gedanken zurück, der Natur „kreative", selbstorganisierende Fähigkeiten als objektive, reale Eigenschaft zuzumessen.

Zwei mögliche Konsequenzen mußte er ablehnen. Vorausgesetzt die Materie ist die Grundlage aller Naturerscheinungen, dann würde aus der Selbstorganisation als konstitutivem Prinzip entweder folgen, daß die Materie *nicht* träge und tot ist, dies würde jedoch das fundamentale Trägheitsprinzip der

---

[41] I. Kant, Kritik der Urteilskraft, a.a.O., B 379.

[42] I. Prigogine/I. Stengers, Dialog mit der Natur. Neue Wege naturwissenschaftlichen Denkens, a.a.O., S. 92.

[43] Auf Kants Argumentation kann im Rahmen dieser Arbeit leider nicht im einzelnen eingegangen werden. Vgl. u.a. I. Kant, ebenda, B 367 ff.

[44] Vgl. I. Kant, ebenda, B 338.
  D. Jähnigs These, daß diese Aussage Kants von der modernen Genetik widerlegt worden sei und daß Schellings Bedeutung darin liege, daß er der modernen Genetik den Weg geebnet habe, übersieht gerade die Probleme der „Präformationslehre", die in der Genetik wiederkehren. D. Jähnig, Natur und Geschichte bei Schelling, in: Walter Robert Corti. Worte der Freundschaft und Dankbarkeit zu seinem 60. Geburtstag am 11. Sept. 1970, hrsg. v. D. Larese und H. Strehler, S. Gallen 1970, S. 57-62.

[45] Ebenda, B 270 und § 76, B 339-344, sowie B 354 ff.

Physik verletzen und ist daher abzulehnen,[46] oder es existiert ein zusätzliches immaterielles Formprinzip, welches zur toten Materie hinzugedacht werden muß. Diese zweite Möglichkeit würde zwar das Trägheitsprinzip nicht tangieren, aber, wie Kant meint, die Urteilskraft dazu verleiten, daß sie

„über die Sinnenwelt hinaus sich ins Überschwengliche verliert, und vielleicht irre geführt wird."[47]

Wie versucht Schelling das Problem organisierter Materie zu lösen?

c) Das Problem der organisierten Materie und Schellings neue Sichtweise

Schelling greift die Überlegungen Kants auf.[48] Ihn begeistert insbesondere die Idee, daß die organisierte Natur nicht gedacht werden könne als ein durch äußere Einwirkungen hervorgebrachtes Kunstwerk, sondern nur als ihr eigener Künstler. Fast wörtlich übernimmt er Kants Idee: Die Natur

„o r g a n i s i e r t s i c h s e l b s t, ist nicht etwa ein Kunstwerk, dessen Begriff a u ß e r ihm im Verstande des Künstlers vorhanden ist. Nicht ihre Form allein, sondern ihr D a s e y n ist zweckmäßig."[49]

Kant hatte seine „Kritik der Urteilskraft" in zwei große Teile aufgegliedert: im ersten Teil behandelte er die Kunst und die Ästhetik, und im zweiten Teil ging er auf die organisierte Natur ein. Die Herstellung des Zusammenhangs zwischen Kunst und Natur hat Schelling sehr beeindruckt (wie übrigens auch Schiller).[50]

Bei den modernen Selbstorganisationstheoretikern finden wir ebenfalls eine Bezugnahme auf die Kunst: So schreiben I. Prigogine und I. Stengers:

---

[46] Ebenda, B 327: „Aber die Möglichkeit einer lebenden Materie (deren Begriff einen Widerspruch enthält, weil Leblosigkeit, inertia, den wesentlichen Charakter derselben ausmacht) läßt sich nicht einmal denken; . . .".

[47] Ebenda, B 318.

[48] Die außergewöhnlich hohe Wertschätzung, die Kant durch Schelling erfährt, zeigt z. B. eine Stelle wie diese: „Vielleicht aber sind nie auf so wenigen Blättern so viele tiefe Gedanken zusammengedrängt worden, als in der Kritik der teleologischen Urteilskraft § 76 geschehen ist." (F. W. J. Schelling, Vom Ich als Princip der Philosophie oder über das Unbedingte im menschlichen Wissen, 1795, I 242).

[49] F. W. J. Schelling, Ideen zu einer Philosophie der Natur als Einleitung in das Studium dieser Wissenschaft, a.a.O., II 41.

[50] Schelling hat sich immer wieder mit dem Zusammenhang von Natur und Kunst auseinandergesetzt. Siehe z. B. „Über das Verhältnis der bildenden Künste zu der Natur", 1807, IV 183-212. Seine Ideen beeinflußten wesentlich die romantische Naturbetrachtung, die jedoch schließlich in Schwärmerei ausartete. Poesie kann eben die „exakte" Naturwissenschaft nicht ersetzen. Von der romantischen Schwärmerei ist die klassische Idee der Einheit von Natur und schöpferischem Geist zu unterscheiden. Die präzise Abgrenzung kann im Rahmen dieser Arbeit nicht geleistet werden. Schelling, der den Übergang von der Klassik zur Romantik in seinen Werken repräsentiert, böte jedoch reiches Untersuchungsmaterial.

„Jede große Epoche der Wissenschaft hat ein bestimmtes Modell der Natur entwickelt. Für die klassische Wissenschaft war es die Uhr, für die Wissenschaft des 19. Jahrhunderts, der Epoche der industriellen Revolution, war es ein Motor, der irgendwann nicht mehr weiterläuft. Was könnte für uns das Symbol sein? Wir stehen vielleicht den Vorstellungen Platons näher, der die Natur mit einem Kunstwerk verglich."[51]

Als Kunstwerk ist die Natur ein organisiertes Ganzes, in dem die Bestandteile zweckmäßig zusammenwirken und durch dieses *Zusammenwirken* sich selbst und das Ganze produzieren. Eine Organisation kann nicht durch willkürliche Zusammensetzung ihrer Teile entstehen, sondern nur durch eine dynamische Wechselwirkung. Bei einer Pflanze beispielsweise können die Blätter nicht existieren ohne Wurzel, die einzelne Zelle kann nicht existieren ohne die in komplexen Wechselbeziehungen zueinander stehenden Zellorganellen. Oder wie Schelling es in Übereinstimmung mit den modernen Ideen formuliert:

„Kein einzelner Theil konnte e n t s t e h e n, als in diesem Ganzen, und dieses Ganze selbst besteht nur in der W e c h s e l w i r k u n g der Theile."[52]

Wie konnten in der Natur hochkomplexe, kooperative Ganzheiten wie Organismen entstehen?

Kant hatte dem „Archäologen der Natur" freigestellt, das „Erzeugungsprinzip" der biologischen Natur zu suchen.[53] Schelling geht diesen von Kant nur erst in Erwägung gezogenen Weg der archäologischen Forschung konsequent zu Ende und versucht damit, die von Kant gezogenen Grenzen des menschlichen Erkenntnisvermögens zu überwinden.

Schelling bleibt nicht bei der biologischen Sphäre stehen, sondern fragt nach dem ersten Ursprung des Lebens aus der anorganischen Materie. Er sucht nach einem *physikalischen* Entstehungsgrund von Organisation. Seine Überlegungen zu diesem Problem, die er vornehmlich in seiner Schrift „Von der Weltseele, eine Hypothese der höheren Physik zur Erklärung des allgemeinen Organismus" (1798) entwickelt, sind äußerst modern und decken sich vielfach mit denen von M. Eigen und H. Kuhn. Wie diese beiden Forscher will er das Leben aus der leblosen Materie heraus erklären, ohne eine zusätzliche Lebenskraft oder ein besonderes, nur der biologischen Sphäre vorbehaltenes Prinzip anzunehmen.

„Es ist ein alter Wahn, daß Organisation und Leben aus Naturprincipien unerklärbar seyen. — Soll damit so viel gesagt werden: der e r s t e Ursprung der organischen Natur sey p h y s i k a l i s c h unerforschlich, so dient diese u n e r w i e s e n e Behauptung zu nichts, als den Muth des Untersuchers niederzuschlagen."[54]

---

[51] I. Prigogine/I. Stengers, Dialog mit der Natur. Neue Wege naturwissenschaftlichen Denkens, a.a.O., S. 29.

[52] F. W. Schelling, Ideen zu einer Philosophie der Natur als Einleitung in das Studium dieser Wissenschaft, a.a.O., II 40.

[53] I. Kant, Kritik der Urteilskraft, a.a.O., B 368 f.

Diese unzweideutige *Kritik am Vitalismus* formuliert er an anderer Stelle noch schärfer. Die Lebenskraft ist „ein völlig widersprechender Begriff".[55] In ihrer Annahme

„liegt das Geständniß:
1) daß sie einzig und allein als Nothbehelf der Unwissenheit ersonnen und ein wahres Produkt der faulen Vernunft ist;
2) daß wir durch diese Lebenskraft um keinen Schritt weder in der Theorie noch in praxi weiter kommen."[56]

Die Vitalisten können sich seiner Meinung nach nicht auf die Schwerkraft berufen, deren inneres Wesen wir ebenfalls nicht kennen, denn die Schwerkraft ist eine *allgemeine* Kraft der Materie, während die spezifische Lebenskraft nur in Organismen wirken soll.[57] Schelling sieht hier das Prinzip der Einheit der Natur verletzt. Eine genetische Konstruktion der Lebenskraft aus der anorganischen Materie wird von den Vitalisten ja für unmöglich gehalten. Weil sie einen mechanistischen Begriff von der Materie haben, müssen sie eine zusätzliche immaterielle „entelechie" oder eine „vis vitalis" annehmen. Vitalisten und Mechanisten sind nicht so weit voneinander entfernt, wie die heftig geführte Debatte zwischen ihnen bis in die zwanziger Jahre unseres Jahrhunderts vermuten läßt.[58] Der Aristotelische Dualismus von „dynamis" (= die Möglichkeit des Stoffes, eine Einwirkung zu erleiden) und „entelechie" (= immaterielles, formendes Prinzip), der der Spaltung von Mechanisten und Vitalisten zugrundeliegt, basiert auf der stillschweigend gemachten Annahme, daß die Materie tot und träge ist, nur durch äußere Beweger in Aktion getrieben werden kann und eben nicht die Fähigkeit der Selbstorganisation besitzt. Diese Annahme wurde sowohl von den Mechanisten, als auch von den Vitalisten übernommen. Laplace konnte sich eine lebendige Materie ebensowenig denken wie beispielsweise der bedeutendste Vitalist des 18. Jahrhunderts G. E. Stahl[59].

---

[54] F. W. J. Schelling, Von der Weltseele, eine Hypothese der höheren Physik zur Erklärung des allgemeinen Organismus, a.a.O., II 348.

[55] F. W. J. Schelling, Ideen zu einer Philosophie der Natur als Einleitung in das Studium dieser Wissenschaft, a.a.O., II 49.

[56] F. W. J. Schelling, Erster Entwurf eines Systems der Naturphilosophie, a.a.O., III 80.

[57] Ebenda. Vgl. auch W. Metzger, Schelling und die biologischen Grundprobleme, in: Archiv für die Geschichte der Naturwissenschaften und Technik, Leipzig (1909), 2, S. 159-182.

[58] Einen guten Überblick gibt das Lexikon: Philosophie und Naturwissenschaften, Wörterbuch zu den philosophischen Fragen der Naturwissenschaften, hrsg. v. H. Hörz u.a., Berlin 1978, S. 663-665 und S. 968-970; siehe auch: E. Benton, Vitalism in the Nineteenth Century Scientific Thought. A Typology and Reassessment, in: Studies in History and Philosophy of Sciences, 5 (1974), S. 17-48.

[59] Stahl nahm an, daß sich Lebewesen ohne Lebenskraft chemisch zersetzen würen: G. E. Stahl, Oevres medico-philosophiques et pratique, Bd. II, Montpellier 1861, insbes. S. 279-282. Stahl lebte von 1660 bis 1734.

Erst heute zeichnet sich eine Wende ab. Man hat zwar noch keine wirkliche *Alternative zum statischen Materiebegriff,* aber seine Grenzen werden deutlich erkannt. So fragen Prigogine und Stengers:

> „Wie ist es möglich, daß eine träge Masse — und sei es auch die von den Kräften gravitationaler Wechselwirkung bewegte Newtonsche Masse — die Grundlage für das Auftreten von organisierten und aktiven lokalen Strukturen bildet?"[60]

Die gleiche Frage stellte sich Schelling, und es ist ohne Übertreibung genial zu nennen, daß er weder auf die mechanistische, noch die vitalistische Antwort verfiel, sondern ein „organisierendes Prinzip" der Materie annahm. Die Vorstellung einer toten Materie schien ihm wenig stichhaltig.

> „Vergebens würde man glauben, die vielfachen Wirkungen der Natur oder die wundervollen Hervorbringungen, worin sie ihr Innerstes kund gibt, aus bloß äußeren Wirkungen auf die Materie zu begreifen, dergleichen in denjenigen Systemen, welchen die Materie das absolut Todte, Unbeseelte ist, doch im Grunde alle Einflüsse sind, aus deren Wirkung auf die Materie man die lebendigeren Erscheinungen und die höheren Produktionen erklärt."[61]

Im Begriff der Selbstorganisation ist schon implizit enthalten, daß die Materie selbst die Gestalten hervorbringt und damit nicht nur *„Objekt",* sondern auch *„Subjekt"* der Gestaltbildung ist, wie Schelling sagt.[62] Die moderne Selbstorganisationstheorie hat jedoch bisher das Axiom von der trägen Masse beibehalten. Die Bestandteile eines Systems, wie Moleküle, Atome, Photonen etc., werden im Sinne der traditionellen Physik, sei es die klassische Physik oder die Quantenmechanik, als fixe, sich nicht selbst verändernde Partikel betrachtet. Erst die Wechselwirkung zwischen diesen relativ unveränderlichen Bestandteilen kann zur Selbstorganisation führen.

Schelling mißt zwar der Wechselwirkung, wie wir bereits sahen, auch eine zentrale Bedeutung bei, aber er geht noch einen Schritt weiter, indem er die Materie selbst als Produkt eines sich selbst organisierenden Prozesses auffaßt.

> „Alles, was in der Natur ist, muß angesehen werden als ein G e w o r d e n e s. K e i n e M a t e r i e d e r N a t u r i s t p r i m i t i v, denn es existiert eine unendliche Mannichfaltigkeit ursprünglicher Aktionen (wie diese entstehe, wird eben das letzte Problem der Naturphilosophie seyn)."[63]

---

[60] I. Prigogine/I. Stengers, Dialog mit der Natur. Neue Wege naturwissenschaftlichen Denkens, a.a.O., S. 88.

[61] F. W. J. Schelling, Ideen zu einer Philosophie der Natur als Einleitung in das Studium dieser Wissenschaft, a.a.O., II 174.

[62] F. W. J. Schelling, Einleitung zu dem Entwurf eines Systems der Naturphilosophie, a.a.O., III 284.

[63] F. W. J. Schelling, Erster Entwurf eines Systems der Naturphilosophie, a.a.O., III 33 f.

Diesem „letzten Problem" widmete sich Schelling in seiner Schrift „Allgemeine Deduktion des dynamischen Processes oder der Kategorien der Physik" (1800). Er will dort das *„Selbstkonstruieren der Materie"* in seinem ersten Ursprung begrifflich fassen.[64] Auch die Materie wird nicht mehr als gegebene Basis der Selbstorganisation akzeptiert. Der Stoff, der nach Aristoteles als ewiges, unveränderliches Medium allen Formbildungen zugrundeliegt, gerät in Bewegung. Nicht mehr die Materie als Gewordenes ist primär, sondern der Prozeß der Selbsterzeugung.

Der von Schelling kritisierte Atomismus, die reduktionistische Vorstellung, daß die Materie aus Grundbausteinen und Grundkräften aufgebaut sei, ist unter Physikern noch weit verbreitet. Die Elementarteilchenforschung ließ sich lange Zeit von dem Bild inspirieren, mit den kleinsten Bausteinen der Materie auch den Stein des Weisen zu finden, das zu entdecken „was die Welt im Innersten zusammenhält." Diese Hoffnung hat sich mittlerweile als Illusion herausgestellt. Statt ein letztes, einfaches oder wie Schelling sagt „primitives" Teilchen der Natur gefunden zu haben, hat man eine kaum noch zu systematisierende Vielzahl von Quarks, Leptonen und zuletzt Rishonen entdeckt, so daß mittlerweile die Sinnlosigkeit der Frage nach dem letzten Elementarteilchen erkannt wird. So kommt H. Schopper zu dem Schluß:

„Die Wechselwirkung zwischen den Teilchen ist so stark geworden, daß sie gar nicht mehr als individuell getrennt feststellbare Bausteine angesehen werden können. Wenn man so will, ist eine prinzipielle Teilbarkeit zwar noch vorstellbar, praktisch aber kaum möglich."[65]

Und an anderer Stelle sagt er:

„Es gibt, glaube ich, allgemeine Gründe zu glauben, daß das ewig weitere Unterteilen nicht auf die Dauer möglich sein wird. Ich glaube, schon aus einem logischen Grund führt das zu Schwierigkeiten. Denn entweder, die letzten Bausteine, die wir finden, sind mathematische Punkte, benehmen sich wie mathematische Punkte; einen mathematischen Punkt kann ich nicht weiter unterteilen. Auf der anderen Seite wissen wir aber, daß die letzten Bausteine gewisse Eigenschaften haben: sie haben eine Masse, sie haben eine elektrische Ladung, und sie benehmen sich wie kleine Kreisel, das heißt, sie haben einen Spin, wie wir sagen. Es ist nun andererseits schwer vorstellbar, daß mathematische Punkte all diese Eigenschaften haben sollen. Also wir scheinen da auf einen *logischen Widerspruch* zu stoßen, und ich glaube, dieser Widerspruch wird nur dadurch aufzulösen sein, daß man *neue Begriffe, neue Konzepte,* einführt, wie man die Natur beschreibt. Ich glaube, wir werden davon abgehen

---

[64] Neuere astrophysikalische Forschungen widmen sich ebenfalls der Frage nach dem Ursprung der Materie: G. Schäfer, H. Dehnen, The Origin of Matter in the Universe, in: Astronomie and Astrophysics, 54 (1977), S. 823-836.

[65] H. Schopper, Die jüngste Entwicklung des Bildes von der Grundstruktur der Materie, in: Naturwissenschaften, 68 (1981), S. 307-313, hier S. 308. Schopper ist zur Zeit Forschungsleiter des Teilchenbeschleunigers DESY in Hamburg.

müssen, die Natur zu beschreiben als bestehend aus unteilbaren Bausteinen und Kräften, die zwischen ihnen wirken." [Hervorhebung, M. H.][66]

Schoppers Argumentation ist fast identisch mit der Argumentation Schellings, die er vor mehr als 150 Jahren „rein spekulativ", d. h. auf der Basis kohärenter und stringenter philosophischer Überlegungen entwickelte.[67] Es wäre sicher nützlich, wenn sich die Elementarteilchenphysik bei ihrer Suche nach „neuen Begriffen" und „neuen Konzepten" (Schopper) auch einmal auf naturphilosophische Traditionen besinnen würde, denn, so läß sich vermuten, wenn jemand wie Schelling eine fundierte Kritik des Atomismus geleistet hat, hat er vielleicht auch Wertvolles zur Konstituierung eines neuen, besseren Materiebegriffes beigetragen. So ist es! Schellings Konzeption der „dynamischen Atomistik"[68] verdiente eine größere Beachtung durch die heutige Physik. Vielleicht liegt hier ein Schlüssel zur Lösung der von Schopper zu Recht angesprochenen Problematik der Teilchenkonzeption.

Prigogine und Haken sind trotz ihrer Bemühungen um eine Theorie der Selbstorganisation ebenfalls noch einem relativ statischen Materiebegriff verpflichtet. Prigogine schreibt zwar: „Der Glaube an die ‚Einfachheit' der mikroskopischen Ebene gehört inzwischen der Vergangenheit an."[69] Aber welche Alternative hat er anzubieten? Wie wir noch sehen werden, geht Prigogine von der Teilchenkonzeption der Thermodynamik, vom „Sein" als primärer ontologischer Realität aus, um zum „Werden" zu gelangen, und Haken geht von der „Unordnung" aus, um zur „Ordnung" zu gelangen. Beide Konzeptionen führen zu erheblichen Problemen, die Selbstorganisation der Natur zu erklären, wie in Kap. III noch en detail dargestellt wird. Schellings Lösungsansatz scheint auch hier erfolgversprechend zu sein.

Man hat Schellings neue, den aristotelischen Dualismus überwindende Auffassung von verschiedener Seite als „Panvitalismus" bezeichnet, da Schelling das Lebenskraftprinzip auf die ganze Natur ausgedehnt habe.[70] Man wird ihm mit dieser Etikettierung jedoch nicht gerecht, denn die Vitalisten

---

[66] Dies sagte Schopper in einer Radiosendung des Deutschlandfunks vom 2.9.1981 in der Reihe „Forschung aktuell — aus Naturwissenschaft und Technik".

[67] Nachzulesen u.a. in: F. W. J. Schelling, Ideen zu einer Philosophie der Natur als Einleitung in das Studium dieser Wissenschaft, a.a.O., II 200-256, und F. W. J. Schelling, Propädeutik der Philosophie, 1804, VI 73 ff.

[68] Das Konzept der „dynamischen Atomistik" unterbreitet Schelling u.a. in: Erster Entwurf eines Systems der Naturphilosophie, a.a.O., III 22 ff.

[69] I. Prigogine, Vom Sein zum Werden. Zeit und Komplexität in den Naturwissenschaften, a.a.O., S. 13.

[70] Philosophie und Naturwissenschaft, Wörterbuch zu den philosophischen Fragen der Naturwissenschaften, a.a.O., S. 969; W. Metzger, Schelling und die biologischen Grundprobleme, in: Archiv für die Geschichte der Naturwissenschaften und Technik, a.a.O., S. 159-182, hier S. 164 ff., und P. Diepgen, Deutsche Medizin vor hundert Jahren. Ein Beitrag zur Geschichte der Romantik, Freiburg i.B./Leipzig 1923.

nehmen eine Lebens*kraft* an, während Schelling sich die Organisierung dachte als von inneren Widersprüchen der Materie erzeugte. Schelling übernimmt zwar den Begriff des „Bildungstriebes" von Blumenbach, dem Vitalisten der kantischen Zeit, aber er überträgt einen anderen Bedeutungsgehalt auf ihn, wie er es mit vielen Begriffen machen muß, um seine neuen Ideen überhaupt sprachlich artikulieren zu können. Der Bildungstrieb ist ihm keine einfache, dem Organismus „äußerlich" zugefügte Kraft, sondern ein dem Organismus *inhärentes Geschehen,* gewissermaßen das „innere Triebwerk" der materiellen Organisation, welches durch widersprüchliche „Duplizitäten" erzeugt wird.[71] Im Bildungstrieb wirken Zufall und Notwendigkeit zusammen.

Wie stellt sich Schelling konkret die Entstehung des Lebens vor?[72] Unter Leben versteht Schelling übereinstimmend mit der modernen Biologie: die Fähigkeit zur „Selbstreproduktion", die durch ein „dynamisches Gleichgewicht" des Organismus mit der Umwelt erzielt wird.[73] Der erste Ursprung der Selbstreproduktionsfähigkeit kann seiner Ansicht nach nur gedacht werden als die Einschließung eines *linearen* (deterministischen) Kausalmechanismus in einen Zyklus:

> „O r g a n i s a t i o n ist mir überhaupt nichts anderes als der aufgehaltene Strom von Ursachen und Wirkungen. Nur wo die Natur diesen Strom nicht gehemmt hat, fließt er vorwärts (in gerader Linie). Wo sie ihn hemmt, kehrt er (in einer Kreislinie) in sich selbst zurück. Nicht also alle Succession von Ursachen und Wirkungen ist durch den Begriff des Organismus ausgeschlossen; dieser Begriff bezeichnet nur eine Succession, die i n n e r h a l b g e w i s s e r G r e n z e n e i n g e s c h l o s s e n in sich selbst zurückfließt."[74]

Man kann diese Stelle als eine Vorwegnahme der Idee, die dem *Eigenschen* „*Hyperzyklus*" zugrundeliegt, lesen. Der Hyperzyklus beinhaltet den ersten

---

[71] F. W. J. Schelling, Erster Entwurf eines Systems der Naturphilosophie, a.a.O., III 160.

[72] Vgl. die detaillierten Ausführungen von Schelling in: Von der Weltseele, II 493-569, die im Rahmen dieser Arbeit nicht erörtert werden können.

[73] Ebenda, II 500 ff. und ders., Erster Entwurf eines Systems der Naturphilosophie, a.a.O., III 146.
Vgl. auch W. Förster: „Die Einführung solcher Kategorien wie Selbstreproduktion, dynamisches Gleichgewicht, System-Teilsystem in den Schriften des jungen Schelling bedeutet einen gewichtigen Fortschritt in der Geschichte des dialektischen Denkens. Zugleich realisiert Schelling mit den hier skizzierten Einsichten Ansätze einer kybernetischen Systemtheorie." (W. Förster, Zur Naturphilosophie Schellings, in: Naturphilosophie — von der Spekulation zur Wissenschaft, hrsg. v. H. Hörz u.a., a.a.O., S. 187-198, hier: S. 193).
Eine ähnliche Schlußfolgerung zieht C. Warnke, Was ist und was soll Schellings Naturphilosophie, in: Natur — Kunst — Mythos. Beiträge zur Philosophie F. W. J. Schellings, hrsg. v. S. Dietzsch, a.a.O., S. 52-75, hier S. 64 f.

[74] F. W. J. Schelling, Von der Weltseele, eine Hypothese der höheren Physik zur Erklärung des allgemeinen Organismus, a.a.O., II 349.

von der Natur „entworfenen" Selbstreproduktionsmechanismus. Eigen schreibt:

> „Such a system may be compared to a closed loop. Although it is evident that the line from which the loop is formed must have originated somewhere, the starting point will have lost all its importance as soon as the circle is closed. The present interplay of nucleic acids and proteins corresponds to a complex hierarchy of „closed loops". What is required in order to solve such a problem of interplay between cause and effect is a t h e o r y o f s e l f - o r g a n i z a t i o n which can be applied to molecular systems, or more precisely, to special molecular systems under special environmental conditions."[75]

Die Entstehung einer solchen zyklischen Kausalform führt auf die Idee der Selbstorganisation, wenn man nicht Gottes schöpferische Hand im Spiel wissen will. Schelling sieht es ähnlich wie Eigen:

> „Diese beiden streitenden Kräfte [die die Kreisform erzeugen, M. H.] zugleich in der Einheit und im Conflikt vorgestellt, führen auf die Idee eines o r g a n i s i r e n - d e n , die Welt zum S y s t e m bildenden P r i n c i p s . Ein solches wollten vielleicht die Alten durch die W e l t s e e l e andeuten."[76]

Schellings Begriff der Selbstorganisation zeigt sich hier fast identisch mit dem modernen Begriff. Beide Begriffe beziehen sich paradigmatisch auf die erste Entstehung des Lebens, und beide sehen als wesentliches Charakteristikum dieses Prozesses die Einschließung eines linearen Kausalmechanismus in eine Kreisform.

Die Kreisform des kausalen Mechanismus bedeutet, daß sich der Naturprozeß auf sich selbst beziehend reproduziert. Diese Selbstbezüglichkeit lebender Systeme wird von den chilenischen Biologen H. Maturana und F. Varela *„Autopoiese"* genannt.[77] Der Organismus muß seine Gestalt und Lebendigkeit gegen eine bedrohliche Umwelt behaupten. Er hat eine gewisse selbstreflexive Eigenständigkeit gewonnen. Innen und Außen werden unterschieden. Je größer der Organisationsgrad eines Systems ist, je weiter die arbeitsteilige Kooperation fortgeschritten ist, desto größer sind die Umweltbereiche, die in die Einflußsphäre des Systems geraten und von diesem beherrscht werden.[78]

---

[75] M. Eigen, Selforganization of Matter and the Evolution of Biological Macromolecules, in: Naturwissenschaften, 58 (1971), 10, S. 465-523, hier S. 467.

[76] F. W. J. Schelling, Von der Weltseele, eine Hypothese der höheren Physik zur Erklärung des allgemeinen Organismus, a.a.O., II 381; siehe auch II 347. Den Begriff der Weltseele hat Schelling Platons „Timaios" entnommen. Eine gute Darstellung des platonischen Erbes in Schellings Philosophie gibt: J. Jost, Die Bedeutung der Weltseele in der Schelling'schen Philosophie im Vergleich mit der platonischen Lehre, Diss. Bonn 1929. Der biographische Hintergrund des Schellingschen „Platonismus", sowie detaillierte philologische Untersuchungen finden sich in: H. Holz, Die Idee der Philosophie bei Schelling, Metaphysische Motive in seiner Frühphilosophie, München 1977.

[77] H. R. Maturana, Erkennen: Die Organisation und Verkörperung von Wirklichkeit, a.a.O.

Schelling entwickelt einen ähnlichen Gedanken:

„Das Wesen des organisirenden Processes muß also im I n d i v i d u a l i s i r e n d e r
M a t e r i e i n s U n e n d l i c h e bestehen."[79]

Diese „Individualisierung" ist der Existenzgrund jedes organisierten
Wesens. Es existierten keine eigentümlichen, abgegrenzten Gestalten, wenn
es nicht eine subjektive Fähigkeit der Materie gäbe, Individuen hervorzubringen, die nur deshalb individuell sein können, weil sie nicht determiniert sind.

Schelling führte mit seinem Begriff der Selbstorganisation die Ideen Kants
weiter, so daß mit Recht von der „Kant-Schellingschen Konzeption der
Natur"[80] gesprochen werden kann. Die Frage nach der Entstehung des
Lebens aus der anorganischen Materie führte Schelling dazu, die Selbstorganisation nicht mehr nur als „regulatives Prinzip" wie Kant, sondern als
„konstitutives Prinzip" aufzufassen. Während Kant die Selbstorganisation
auf die Selbstreproduktion der biologischen Sphäre begrenzt hatte, bezog
Schelling die anorganische Sphäre mit ein und entwickelte damit einen dem
modernen Begriff der Selbstorganisation entsprechenden Begriff. Um sich
von den Kantschen Einschränkungen dieses Begriffes abzugrenzen, wählte
Schelling in den späteren Schriften, etwa ab dem „Ersten Entwurf eines
Systems der Naturphilosophie" andere Bezeichnungen für den von uns heute
gemeinten Sachverhalt der Selbstorganisation, wie z. B. „Selbstconstitution",
„Selbstkonstruktion", „dynamischer Prozeß", „Gestaltung", „Produktivität".

---

[78] Die Idee, daß die Selbstorganisierung der Materie zur Entstehung eines Widerspruchs
von Innen und Außen und damit zu Widerspiegelungsprozessen führt, wird von S. Rosenthal, K. Fuchs-Kittowski, H. A. Rosenthal und S. M. Rapoport ausgeführt in: Überlegungen zu den molekularbiologischen Grundlagen der Widerspiegelung, in: dies. (Hrsg.),
Molekularbiologie, Medizin, Philosophie, Wissenschaftsentwicklung — Essays, Berlin
1978, S. 222-234.
[79] F. W. J. Schelling, Von der Weltseele, eine Hypothese der höheren Physik zur
Erklärung des allgemeinen Organismus, a.a.O., II 520.
[80] T. Ballauf, Die Wissenschaft vom Leben. Eine Geschichte der Biologie, Bd. 1, S. 369.

III. Zwei unterschiedliche Ansätze einer Theorie der Selbstorganisation und Schellings heuristischer Beitrag zur Lösung der noch bestehenden theoretischen Probleme

„Die Bildung jedes Steins (z. B. der Durchgang der Blätter) bietet Probleme dar, die nicht aufzulösen sind, ohne die erhabendsten Ideen."[1]

Schelling hatte bereits gesehen, daß mit den herkömmlichen mechanistischen Verfahren die Gestaltbildung nicht verstanden werden kann. Die Physik hat zwar seit dem 19. Jahrhundert enorme Fortschritte gemacht und neue, das mechanistische Weltbild überwindende Modelle entworfen. Die Relativitätstheorie und die Quantenmechanik wurden als wissenschaftliche Revolutionen gefeiert. Doch auch die neuen Verfahren, u. a. die statistische Physik, reichen nicht aus, um die Bildung von anorganischen, dynamischen Strukturen zu erklären. Der Physiker W. Ebeling schreibt:

„Von einem echten wissenschaftlichen Verständnis des Ursprunges der vielfältigen in der Natur beobachteten Strukturen sind wir jedoch noch weit entfernt; das trifft insbesondere zu für die Deutung der außerordentlich komplizierten Struktur von Biosystemen."[2]

Die physikalische Erforschung sich selbst organisierender Prozesse stößt an prinzipielle Grenzen des traditionellen Begriffssystems der Physik. Im folgenden sollen die zwei theoretischen Ansätze vorgestellt werden, die erstmals diese Grenzen zu überwinden suchten: die Nichtgleichgewichtsthermodynamik dissipativer Strukturbildungen, die von I. Prigogine konzipiert wurde, und die Synergetik, die Lehre vom Zusammenwirken, die von H. Haken begründet wurde. Beide Theorien zeigen, trotz vieler Gemeinsamkeiten, eine sehr unterschiedliche Herangehensweise an das Problem der Selbstorganisation. Diese Unterschiede — bezogen auf ihren naturphilosophischen, nicht so sehr physikalischen Gehalt — herauszuarbeiten, ist ein Ziel

---

[1] Fragment von Schelling, in: Philosophica Varia Inedita Vel Rariora, hrsg. v. Luigi Pareyson, Torino 1977, S. 295.

[2] W. Ebeling, Strukturbildung bei irreversiblen Prozessen. Eine Einführung in die Theorie dissipativer Strukturen, Leipzig 1976. Ähnlich äußert sich M. Eigen: „Obwohl sich ein Verständnis der Morphogenese abzeichnet, soll hier nicht der Eindruck erweckt werden, es handle sich um bereits vollständig gelöste Probleme." (ders., in: Goethe und das Gestaltproblem in der modernen Biologie, in: Rückblick auf die Zukunft. Beiträge zur Lage in den achtziger Jahren, hrsg. v. H. Rössner, Berlin 1981, S. 209-255, hier S. 250.).

dieses Kapitels. Das andere, wichtigere Ziel besteht darin, mit Hilfe der Schellingschen Entwicklungsidee die Probleme der modernen Theoriebildungen Prigogines und Hakens genauer zu bestimmen und mögliche Auswege zu zeigen.

Im Rahmen dieser Arbeit kann nicht erwartet werden, ausgearbeitete Lösungsvorschläge zu finden. Schelling sah die Bedeutung der Naturphilosophie in ihrer *heuristischen* Funktion für die Naturwissenschaften. Dies ist allein schon den Titeln seiner Schriften zu entnehmen, in denen er von „Hypothese", „Entwurf" und „Idee" spricht. Hypothesen und neue Ideen können die Forschung zu neuen Theorien inspirieren, ohne selbst schon diese Theorie zu liefern. Grenzen werden meist erst dann erkannt, wenn sie bereits überschritten sind. Diese Grenzüberschreitung durch eine ganzheitliche Sichtweise der sich entwickelnden Natur zu erleichtern, ist die selbstgestellte Aufgabe der Naturphilosophie Schellings gewesen. Er schreibt:

> „Nun mögen wir zwar wohl gewiß seyn, daß jede Naturerscheinung, sey es auch durch noch so viele Zwischenglieder, zusammenhängt mit den letzten Bedingungen einer Natur; die Zwischenglieder selbst aber können uns unbekannt seyn und noch in den Tiefen der Natur verborgen liegen. Diese Zwischenglieder aufzufinden, ist das Werk der experimentirenden Nachforschung. Die speculative Physik hat nichts zu thun als den Mangel dieser Zwischenglieder aufzuzeigen; da aber jede neue Entdeckung uns in eine neue Unwissenheit zurückwirft, und indem der eine Knoten sich löst, ein neuer sich schürzt, so ist begreiflich, daß die vollständige Entdeckung aller Zwischenglieder im Zusammenhang der Natur, daß also auch unsere Wissenschaft selbst eine unendliche Aufgabe ist."[3]

1. Nichtgleichgewichtsthermodynamik irreversibler Prozesse: Vom Sein zum Werden (Ilya Prigogine)

a) Prigogines philosophisches Motiv

Prigogine geht es um die Frage nach dem Zusammenhang von Sein und Werden. Anknüpfend an die ionischen Naturphilosophen bestimmt er das Sein als das Permanente, Invariante und im Gegensatz dazu das Werden als das Wandelbare, sich Verändernde.[4]

> „Philosophisch ausgedrückt, können wir die 'statische' dynamische (oder übliche mechanische) Beschreibung mit dem 'Sein' in Zusammenhang bringen; die thermodynamische Beschreibung mit ihrem Akzent auf der Irreversibilität kann dann mit

---

[3] F. W. J. Schelling, Einleitung zu dem Entwurf eines Systems der Naturphilosophie oder über den Begriff der speculativen Physik und die innere Organisation eines Systems dieser Wissenschaft, 1799, III 279.

[4] I. Prigogine, Vom Sein zum Werden. Zeit und Komplexität in den Naturwissenschaften, München 1799, S. 11.

dem 'Werden' in Zusammenhang gebracht werden. Danach ist das Ziel dieses Buches, die Beziehung zwischen der Physik des Seins und der Physik des Werdens zu erörtern."[5]

Die „Physik des Seins" umfaßt nach Prigogine neben der klassischen Physik auch die Quantenmechanik und die Einsteinsche Relativitätstheorie, da diese Theorien keine Konzepte von zeitlich gerichteten Prozessen haben.[6] Die „Physik des Werdens" ist für Prigogine gleichbedeutend mit der Nicht-gleichgewichts-Thermodynamik, eines Teilgebietes der Physik und Chemie, welches sich mit dem Zusammenhang von zeitlich gerichteten Zustandsände-rungen und energetischen Veränderungen eines Systems beschäftigt. Wie ist Prigogine dazu gekommen, die philosophische Frage nach dem Zusammen-hang von Sein und Werden zu stellen und die Antwort in der Thermodyna-mik zu suchen? Daß es noch andere Lösungswege gibt, wird uns später die Theorie Hakens zeigen, die dieser ausgehend von der Laserphysik entwickelte.

Es ist interessant, daß Prigogines ursprüngliche Beweggründe, Gestaltbil-dungsprozesse physikalisch zu untersuchen, nicht auf dem Boden der Physik selbst entstanden sind. Die Idee, die zu seiner Entdeckung der „dissipativen Strukturen" führte, ging aus von der Frage nach dem Zusammenhang zwi-schen Natur und menschlicher Geschichte, bzw. dem Problem Freiheit/Not-wendigkeit. Schelling bewegte das gleiche Problem, wie wir noch sehen werden, welches ihn schließlich zu naturphilosophischen Überlegungen veranlaßte.

Prigogines Interesse, das „Werden" der Natur zu ergründen, hat einen biographischen Hintergrund.

„Als er als junger Mann an der Universität Brüssel zum erstenmal mit Physik und Chemie in Berührung kam, war er erstaunt, wie wenig die Wissenschaft über die Zeit zu sagen hatte, denn in seinem Bildungsgang war es bis dahin vor allem um Geschichte und Archäologie gegangen."[7]

Prigogine ist also erst relativ spät, an der Universität, auf die Naturwissen-schaften gestoßen, als er schon einen Begriff vom Ursprung (Archäologie) und von historischer Entwicklung hatte. Das biographische Zusammentref-fen von Physik und Geschichte in einer Person mußte zu einem spürbaren Konflikt zwischen diesen beiden grundverschiedenen Denkweisen führen,

---

[5] Ebenda, S. 36.

[6] Ebenda, S. 18.

[7] I. Prigogine/I. Stengers, Dialog mit der Natur. Neue Wege naturwissenschaftlichen Denkens, München/Zürich 1981, S. 19. Zu Prigogines Geschichtsverständnis siehe auch das Interview mit I. Prigogine vom 19.2.1982, geführt von H. Bayertz, H.-J. Rheinberger und M. Springer, veröffentlicht in: Darwin und die Evolutionstheorie, Red. K. Bayertz u.a. (Dialektik. Beiträge zu Philosophie und Wissenschaften, Bd. 5), Köln 1982, S. 121-133.

der normalerweise durch die kommunikationslose Arbeitsteilung zwischen
beiden Disziplinen umgangen wird.[8]

Die *Historiographie* hat es mit qualitativen Wandlungsprozessen zu tun,
die sich nicht auf ewige Gesetze zurückführen lassen, denn mit der Entstehung einer neuen Kultur entstehen auch ganz neue Gesetzmäßigkeiten, die
sich aus der vergangenen Epoche nicht eindeutig ableiten lassen. Die Menschen besitzen schöpferische Kräfte, die Welt nach eigenem Plan umzugestal-
ten und höhere, komplexere Ordnungsstufen zu schaffen. Wenn wir auf die
ersten Urformen menschlichen Lebens blicken, erstaunt es, welch mannigfal-
tige, hochorganisierte Gesellschaft der Moderne daraus entstehen konnte.
Die Geschichte des homo sapiens hat eine eindeutige Zeitrichtung, sie ist
irreversibel. Der Untergang der Sammler- und Jägergesellschaft beispielsweise war ebenso unwiderruflich wie die nachfolgende Agrarisierung und die
Entstehung des Handwerks. Die Erfindung des Rades konnte trotz Anstrengungen der chinesischen Kaiser des Mittelalters nicht rückgängig gemacht
werden. Man könnte viele illustrierende Beispiele für die fortschreitende
Organisation und Differenzierung des menschlichen Zusammenlebens wie
der individuellen Entwicklung geben.

Unserer ureigensten Zeitvorstellung widerspricht die Zeitauffassung der
klassischen Physik. Seit Galilei und Newton wird das Universum als zeitloser
Mechanismus begriffen, der invarianten Grundgesetzen gehorcht. Aus belie-
bigen Anfangsbedingungen läßt sich Zukunft und Vergangenheit deterministisch berechnen.

„Die Weltlinien, die Bahnen oder Trajektorien, auf denen die Atome oder Teilchen,
aus denen unsere Welt besteht, sich bewegen, können in die Zukunft oder in die
Vergangenheit verfolgt werden."[9]

Geschichte ist unter dem Blickwinkel der klassischen Physik betrachtet nur
Schein, da es keine Innovationen und schöpferischen Umgestaltungen in
einer Welt geben kann, die wie ein Mechanismus funktioniert. Prigogines
Grundfrage ist:

---

[8] Eine Zusammenarbeit zwischen Historikern und Naturwissenschaftlern beschränkte
sich bislang auf den Bereich der Geschichte der Naturwissenschaften. Inspiriert durch das
neue Paradigma der Selbstorganisation ist kürzlich eine Änderung eingetreten: Historiker,
die sich mit Naturprozessen beschäftigten, wie umgekehrt Physiker, die sich mit der
menschlichen Geschichte beschäftigen, sind keine Seltenheit mehr. Vgl. z. B. M. Hahn/H.
J. Sandkühler (Hrsg.), Gesellschaftliche Bewegung und Naturprozeß, Köln 1981; W.
Weidlich/G. Haag, Dynamics of Interacting Groups in Society with Application to the
Migration of Population, in: Dynamics of Synergetic Systems, hrsg. v. H. Haken, Berlin/
Heidelberg/New York 1980, S. 235-245. Prigogine selbst hat sich mit sozialen Fragen
beschäftigt: Vom Sein zum Werden. Zeit und Komplexität in den Naturwissenschaften,
a.a.O., S. 135 ff. Siehe auch H. Markl (Hrsg.), Natur und Geschichte, München 1983; und
H. J. Sandkühler, Natur und geschichtlicher Prozeß. Studien zur Naturphilosophie F. W.
J. Schellings, Frankfurt a.M. 1984.

[9] I. Prigogine, Vom Sein zum Werden. Zeit und Komplexität in den Naturwissenschaften, a.a.O., S. 11.

„Was würde aus der menschlichen Freiheit in einer Welt, die ein Automat wäre?
Die vollständig determiniert wäre?"[10]

Er war erstaunt über die statische Naturauffassung der Physiker.

„Dieses Erstaunen hätte zu zwei Einstellungen führen können, die wir beide in der
Vergangenheit antreffen: entweder das Problem auszuklammern, da in der klassischen Wissenschaft für die Zeit kein Platz zu sein schien, oder im Gegenteil nach einer
anderen Naturauffassung zu suchen, in der die Zeit eine wesentliche Rolle spielen
würde."[11]

Statt dem Problem Natur/Geschichte auszuweichen, ließ sich Prigogine
durch sein historisches Bewußtsein inspirieren, die Natur anders als traditionell üblich zu sehen. Sein „Erstaunen" führte ihn zu einem Infragestellen der
üblichen Denkkategorien der Physik. Die Idee der Geschichte wird ihm zu
einem heuristischen Mittel, um die Grenzen der klassischen Physik und der
Quantenmechanik zu sprengen und als Pionier des neuen Paradigmas der
Selbstorganisation aufzutreten.

Es ist nicht uninteressant, daß gerade ein theoretischer Standort *außerhalb*
der Naturwissenschaften den Blick auf eine neue Dimension der Naturbetrachtung ermöglichte. Wissenschaftliche Revolutionen sind oftmals von
Personen initiiert worden, die nicht „vom Fach" waren, und die sich daher
nicht so schnell auf die gängigen Denkmuster einengen ließen.[12]

Prigogine spezialisierte sich auf die Thermodynamik, da diese Disziplin
mit der Betrachtung ganzer Populationen von Teilchen im 19. Jahrhundert
erstmals auf die Bedeutung von Zeit und Geschichte gestoßen war.[13] Um
seinen neuen Theorieansatz verständlich zu machen, ist eine kurze Klärung
thermodynamischer Grundbegriffe nötig.

b) Das Konzept der Thermodynamik

In der klassischen Thermodynamik wird zwischen Gleichgewichts- und
Nichtgleichgewichtszuständen unterschieden. Physikalische Systeme, die

---

[10] Prigogine äußerte dies in einem Fernsehinterview am 22.7.81 im ZDF. Vgl. auch
ähnliche Aussagen, in: Vom Sein zum Werden. Zeit und Komplexität in den Naturwissenschaften, a.a.O., S. 210.

[11] I. Prigogine/I. Stengers, Dialog mit der Natur. Neue Wege naturwissenschaftlichen
Denkens, a.a.O., S. 19.

[12] Der Arzt Robert Mayer z. B. stellte den Energieerhaltungssatz auf, und Faraday
entdeckte ohne mathematisch-physikalische Vorbildung, autodidaktisch, den Zusammenhang von elektrischen und magnetischen Kräften. Beide Forscher waren, wie wir bereits
sahen, wesentlich von Schelling beeinflußt.

[13] Prigogine wertet den II. Hauptsatz der Thermodynamik als den ersten bedeutenden
Schritt über die klassische Physik des Seins. (Vom Sein zum Werden. Zeit und Komplexität
in den Naturwissenschaften, a.a.O., S. 89 f.)

sich im oder sehr nahe dem Gleichgewichtszustand befinden, folgen einer reversiblen Dynamik, während Nichtgleichgewichtssysteme von irreversiblen Prozessen beherrscht werden. Prigogine identifiziert das Sein mit reversiblen und das Werden mit irreversiblen Vorgängen. Was bedeuten diese für Prigogine zentralen thermodynamischen Begriffe?

Zur Illustrierung des *Gleichgewichtszustandes* denke man sich eine horizontale Flüssigkeitsschicht in einer Pfanne. Steht die Pfanne eine genügend lange Zeit, ohne daß Energie und Stoff mit der Umgebung ausgetauscht worden sind, dann befindet sich die Flüssigkeit im Gleichgewichtszustand. Die makroskopischen Zustandsgrößen dieses isolierten[14] Systems, wie Temperatur, Massedichte, Stoffkonzentration oder chemische Zusammensetzung werden im Mittel in der ganzen Flüssigkeit gleichmäßig verteilt sein.

Bezogen auf die Temperatur bedeutet dies auf mikroskopischer Ebene, daß die kinetische Energie der Moleküle, die sich in der Schnelligkeit ihrer Bewegungen äußert, in jedem Teilbereich der Flüssigkeit im Durchschnitt gleich ist. Die Brownsche Molekularbewegung ist homogen auf die einzelnen Moleküle verteilt. Bewegt sich eine Gruppe von Molekülen schneller als die anderen, so wird der Überschuß an kinetischer Energie schnell an die Nachbarn weitergegeben und die Schwankung in der Gleichverteilung wird aufgehoben. Wir haben es hier mit einem *stabilen Gleichgewicht* zu tun, das gegenüber inneren Schwankungen und kleinen äußeren Störungen unempfindlich ist. Im *instabilen Gleichgewicht* dagegen würden selbst minimale Störungen die Gleichgewichtslage des Systems zerstören. In unserem Beispiel ist die Gleichverteilung der Wärmeenergie, Stoffkonzentration etc. ein „Attraktorzustand" für alle anderen möglichen inhomogenen Zustände des isolierten Systems, d. h. von sich aus wird es diesen „bevorzugten" Zustand nicht verlassen. Trotz permanenter Mikrobewegungen wird sich der makroskopische Zustand nicht mehr verändern. Insbesondere wird es nicht zu spontanen Differenzierungen etwa in kalte und warme Teilbereiche, oder zu einer Strukturierung der regellosen Mikrobewegung zu kohärenten Strömungsmustern kommen.

Im Gleichgewicht ist die Natur tot.[15] Es kann nichts qualitativ Neues geschehen. Aufgrund der thermischen Bewegung der Teilchen ist das System zwar nicht bewegungslos, aber das System als Ganzes bleibt unverändert. Die Bewegungen der Bestandteile sind gleichsam auf einer Ebene, die durch

---

[14] „Isoliert" heißt ein System dann, wenn es weder Energie noch Stoff mit der Umgebung austauscht, „abgeschlossen", wenn es nur Energie austauscht, „offen", wenn es sowohl Energie als auch Stoff mit der Umgebung austauscht.

[15] Bereits Schelling besaß diese Einsicht: „Im todten Objekt ruht alles, in ihm herrscht kein Streit, sondern ewiges Gleichgewicht." (Ideen zu einer Philosophie der Natur, II 222). Er hat über seine Schriften verstreut viele Begriffe der Thermodynamik vorweggenommen.

physikalische Erhaltungssätze definiert ist, festgelegt.[16] Wie die Planetenbahnen um die Sonne durch die ewigen Gesetze der Gravitation fixiert sind, oder der Computer auf bestimmte Bewegungsmuster programmiert ist, so ist jedes Gleichgewichtssystem durch die intern wirkenden Gesetze sowie den Impuls- und Energiegehalt beschränkt. In einem solchen System, welches sich als Ganzes qualitativ nicht ändert, sind die Bewegungen der Bestandteile *reversibel*.[17] Sie sind reversibel, obwohl die Bestandteile miteinander wechselwirken. Wechselwirkung allein ist kein Spezifikum der Irreversibilität des Werdens. In unserem obigen Beispiel der ruhenden Flüssigkeit tauschen die Moleküle durch Stöße permanent ihre Bewegungsenergie miteinander aus. Diese Vorgänge können prinzipiell durch die klassische Mechanik (Dynamik) beschrieben werden, wenn auch aufgrund der großen Anzahl der Moleküle statistische Verfahren verwendet werden müssen.

Nur die impulserhaltenden, elastischen Stöße sind reversibel, d. h. eine Umkehr der Geschwindigkeitsrichtung ist mit den Bewegungsgleichungen strukturverträglich. Es ist gleichgültig, ob der Vorgang in positiver oder negativer Zeitrichtung läuft. Beides ist möglich. Es ist wie bei einem Film, der rückwärts abgespult dennoch „Sinn" ergibt. Reversible Prozesse laufen zwar *in* der Zeit ab, ihre dynamischen Gleichungen sind jedoch zeitinvariant. Das Problem der Zeit ist der entscheidende Punkt für Prigogine, an dem er seine Kritik der klassischen Physik aufhängt:

> „Die klassische Physik hat uns, selbst wenn man sie um die Quantenmechanik und die Relativitätstheorie erweitert, nur ziemlich dürftige Modelle der zeitlichen Entwicklung geliefert. Die deterministischen Gesetze der Physik, die man einmal für die einzigen Gesetze hielt, welche der menschliche Geist akzeptieren kann, erscheinen uns heute als grobe Vereinfachungen, beinahe als Karikatur der Evolution."[18]

Reversibilität, Zeitinvarianz und Deterministik sind für Prigogine die grundlegenden Begriffe der Physik des Seins. In einer reversiblen, zeitinvarianten Welt ist jede Bewegung durch eine fixe Menge von Gesetzen und durch die gegebenen Anfangsbedingungen determiniert. Neue Gesetzmäßigkeiten können nicht entstehen.

Prigogine dagegen versteht die Zeit nicht mehr als einen stetigen, unveränderlichen Hintergrund, vor dem die Ereignisse im Universum ablaufen, als einen „geometrischen Parameter", der nur die determinierte Aufeinanderfolge von Zuständen abgibt, deren Reihenfolge umkehrbar ist. Die Zeit gewinnt erst Bedeutung, wo sich Dinge verändern, wo zwischen Vergangenheit und

---

[16] Im Nichtgleichgewichtszustand gilt nur noch der Energieerhaltungssatz, der aber zur Erklärung der dort ablaufenden Vorgänge nichts aussagt.

[17] Zudem sind minimale, gegen Null gehende Änderungen der makroskopischen Größen reversibel.

[18] I. Prigogine, Vom Sein zum Werden. Zeit und Komplexität in den Naturwissenschaften, a.a.O., S. 18.

Zukunft unterschieden werden muß. Die Physik hat erstmals mit dem II. Hauptsatz der Thermodynamik die Dimension der Geschichte und der Irreversibilität in die leblose Natur eingebracht. Dieser Hauptsatz ist nur anwendbar auf Systeme im thermodynamischen *Nichtgleichgewicht.*

Was geschieht nun im Nichtgleichgewicht? Bleiben wir bei unserem Beispiel der horizontalen Flüssigkeitsschicht. Wird die Pfanne gleichmäßig von unten erhitzt, entsteht ein Temperaturgefälle zwischen der Oberfläche der Flüssigkeit und ihrer Grundfläche. Bei kleinen Temperaturdifferenzen bleibt die Flüssigkeitsschicht in makroskopischer Ruhe. Der Temperaturunterschied wird lediglich durch Wärmeleitung (Konduktion) ausgeglichen, wobei die Moleküle durch die Wärmezufuhr in stärkere Schwingungen geraten und durch Zusammenstoß die Wärmeenergie von unten nach oben weiterleiten, ohne sich selbst von ihrem Platz fortzubewegen.

Durch die Energiezufuhr, die die Isolierung des Systems aufhebt, wird ein qualitativ neuer Prozeß eingeleitet. Der Temperatur*gradient* führt zu einem Symmetriebruch zwischen der oberen und unteren Region der Flüssigkeit (räumlicher Symmetriebruch) und zu einem zeitlich gerichteten Prozeß der Wärmeleitung (zeitlicher Symmetriebruch). Das System hat nun schon einen höheren Ordnungszustand erreicht als im homogenen Gleichgewichtszustand. Nichtgleichgewicht wird zu einer Quelle von Ordnung.

„This observation was the starting point of the outlook pioneered by the Brussels school."[19]

Die interne Ordnung ist jedoch nicht aus sich selbst heraus geschehen, sondern durch einen äußeren künstlichen Eingriff.[20] Die Wärmeleitung ist ein typischer *irreversibler* Vorgang, denn sie kann nur in einer Richtung, vom wärmeren zum kälteren Medium fließen.

Die Wärmeleitung führt zu einem *Ausgleich der Unterschiede,* d. h. zu einem größeren Grad an *Desorganisation.* In unserem Beispiel würde sich sowohl der Energiefluß als auch der räumliche Symmetriebruch schnell einebnen, wenn der von außen angelegte Temperaturgradient wegfiele. Der gerichtete Wärmefluß würde irreversibel in chaotische Mikrobewegungen *dissipiert,* d. h. zerstreut werden.

Die Entwertung von Energie durch irreversible Dissipation wird als *Entropieproduktion* bezeichnet. Nach Clausius *II. Hauptsatz der Thermodynamik*

---

[19] G. Nicolis/I. Prigogine, Self-Organization in Nonequilibrium Systems. From Dissipative Structures to Order through Fluctuations, New York/London/Sydney/Toronto 1977, S. 3. Die „Brüsseler Schule" ist die von Prigogine begründete Schule der Nichtgleichgewichts-Thermodynamik.

[20] In der späteren Phase unseres Modells werden wir die Organisierung ohne äußere Ursache — die Selbstorganisation — näher beleuchten. Jetzt geht es zunächst um Prigogines theoretischen Ausgangspunkt der irreversiblen Desorganisationsprozesse.

(1865) gilt: Die Entropie nimmt in abgeschlossenen Systemen ständig zu, bis sie im Zustand des thermodynamischen Gleichgewichts ein Maximum erreicht. Die Entropie hat ihr Maxium erreicht, wenn sich alle thermodynamischen Gradienten innerhalb des Systems so weit wie möglich ausgeglichen haben, dies bedeutet aber einen höchsten Grad an Unordnung, bzw. einen niedrigsten Grad an Strukturiertheit.[21]

Hierauf beruhen im Grunde genommen alle Schwierigkeiten des theoretischen Verständnisses der in der Natur vorkommenden hochstrukturierten Systeme, z. B. der Lebewesen. Wenn die irreversible Energiedissipation eine grundlegende Eigenschaft realer Prozesse ist, dann muß sich mit der Zeit das Weltreservoir an verwertbarer Energie in Wärmeenergie umgewandelt haben, und die Welt stirbt den von Clausius prophezeiten *Wärmetod*. Diese düstere Perspektive wird bis heute von der Mehrzahl der Physiker als realer Endzustand angesehen. Die Geschichte des Universums wäre eine Geschichte zunehmender Desorganisation.

Prigogine konnte sich mit dieser Geschichtsauffassung, die unserer eigenen kulturellen Entwicklung und der biologischen Evolution widersprach, nicht begnügen. Wie sollten zwei sich gegenseitig ausschließende, sich widersprechende Entwicklungsprinzipien in der Welt gelten können? Der Entropiesatz mußte nicht nur von den lebendigen Wesen, sondern auch von der sogenannten „toten" Natur irgendwie umgangen werden, denn wie sonst hätten die hochkomplexen Strukturen in ihr hervorgehen können.

Die große Entdeckung Prigogines war, daß die irreversible Energiedissipation auch eine konstruktive Rolle besitzen kann.

„Erst vor kurzem hat sich ein vollständiger Wandel der Betrachtungsweise ergeben, und wir beginnen, die 'k o n s t r u k t i v e' Rolle zu verstehen, die irreversible Prozesse in der physikalischen Welt spielen."[22]

Die irreversible Dissipation kann eine Quelle von Ordnung sein, trotz der Zunahme der Entropieproduktion. Wie kann dies geschehen?

Greifen wir noch einmal auf das Beispiel der horizontalen Flüssigkeitsschicht zurück. Wird der Temperaturgradient zwischen Ober- und Grundfläche durch intensivere Wärmezufuhr immer weiter vergrößert, so wird das System *instabil*. Die heißere Grundschicht ist leichter als die kältere Oberschicht. Durch die Gravitation wird das System in eine „Rayleigh-Taylor-Instabilität" versetzt — eine der bekanntesten Instabilitätsformen,[23] die

---

[21] Der Zusammenhang von Entropiezunahme und Unordnung wurde von Boltzmann quantifiziert. Demnach entspricht die Entropiezunahme dem Übergang zu wahrscheinlicheren Zuständen, und das sind die ungeordneten.

[22] I. Prigogine, Vom Sein zum Werden. Zeit und Komplexität in den Naturwissenschaften, a.a.O., S. 90.

[23] Vgl. Gerhard Haerendel, Gestaltbildung durch Instabilität, in: Naturwissenschaften, 68 (1981), S. 315.

immer dann eintritt, wenn eine schwerere Flüssigkeit auf einer leichteren geschichtet ist. Bei einem *kritischen Wert* der Temperaturdifferenz schlägt das ganze System plötzlich von Konduktion auf Konvektion[24] um und eine neue, höhere makroskopische Ordnung entsteht. Wabenförmige Konvektionszellen, die sog. „Bénard-Zellen", werden sichtbar.[25] (Abb. 3 und 4) Es

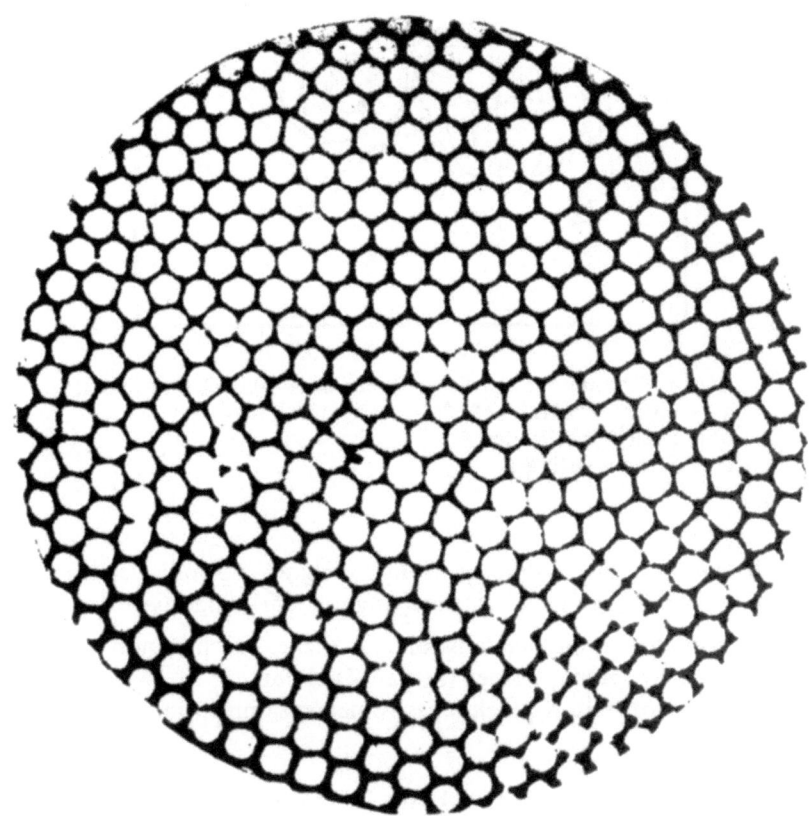

Abb. 3: Eine typische dissipative Struktur stellt das Bénard-Muster dar. Im Bild ist eins der von Bénard selbst aufgenommenen Muster reproduziert. (aus: M. Eigen, Goethe und das Gestaltproblem in der modernen Biologie, in: Rückblick auf die Zukunft. Beiträge zur Lage in den achtziger Jahren, hrsg. v. H. Rössner, Berlin 1981, S. 209-255, hier S. 221.)

---

[24] „Konvektion" bedeutet, daß die Flüssigkeitsmoleküle ihren Ort verlassen und Strömungen bilden.

[25] Bénard hatte bereits um 1900 erste Untersuchungen dieser Konvektionszellen vorgenommen (H. Bénard, Rev. Gen. Sci. Pure Appl. 11, 1261 (1900). Heute zählen sie zu den

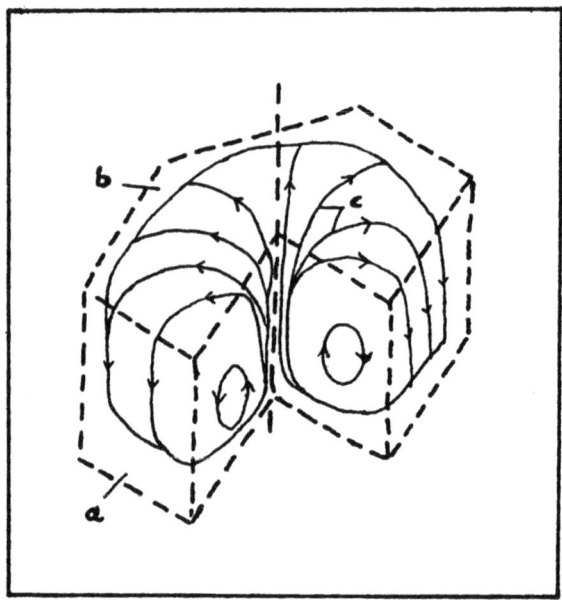

Abb. 4: Strömung in der Polygonzelle einer Flüssigkeitsschicht;
a = untere, erwärmte Fläche;
b = (freie) Oberfläche;
c = Strömungslinien

hat sich eine typische *Selbstorganisation* ereignet, obwohl gleichzeitig die irreversiblen Prozesse der Wärmeübertragung stark angestiegen sind.

Das eigentlich überraschende ist die plötzliche, durch Randbedingungen nicht erzeugte *Kooperation* einer riesigen Zahl von ca. 10^{20} Molekülen, die sich zu wohlgeordneten Konvektionsströmen zusammenfinden.[26] Prigogine schreibt:

---

am besten untersuchten dissipativen Strukturen. Durch ihre Anschaulichkeit und Einfachheit haben sie großes Interesse gefunden. Hinzu kommt die weite Verbreitung von Konvektionszellen in der Natur. Die Sonne, die Wolken und biologische Erscheinungen beispielsweise zeigen Konvektionszellen. Man trifft sie in den verschiedensten Naturbereichen. Zur Theorie der Bénard-Zellen vgl. Werner Ebeling, Strukturbildung bei irreversiblen Prozessen. Eine Einführung in die Theorie dissipativer Strukturen, Leipzig 1976, S. 74-86. Eine populärwissenschaftiche Darstellung findet sich bei: H. Beßerdich/E. Kahrig, Dissipative Strukturen in Physik und Biologie, in: Wissenschaft und Fortschritt, 26 (1976) 9, S. 386-390, hier S. 387 f. Siehe zudem: I. Prigogine, Vom Sein zum Werden. Zeit und Komplexität in den Naturwissenschaften, a.a.O., S. 100 ff.

[26] Die Zahl der Moleküle ist entnommen aus: G. Nicolis/I. Prigogine, Self-Organization in Nonequilibrium Systems. From Dissipative Structures to Order through Fluctuations, a.a.O., S. 5.

„Es ist interessant festzustellen, daß das Boltzmannsche Ordnungsprinzip dem Auftreten der Bénard-Konvektion eine Wahrscheinlichkeit nahe Null zuschreiben würde. Immer dann, wenn weit vom Gleichgewicht entfernt neue kohärente Zustände auftreten, versagt die Anwendung der Wahrscheinlichkeitstheorie, die sich auf das Abzählen der Anzahl der Komplexionen beschränkt."[27]

c) Die drei Erzeugungsprinzipien dissipativer Strukturen und ihre theoretischen Grenzen

Wie erklärt sich Prigogine die Selbstorganisation? In bezug auf die Bénard-schen Zellen schreibt er:

„Im Falle der Bénard-Konvektion können wir uns vorstellen, daß es immer kleine Konvektionsströme gibt, die als Schwankungen um den Durchschnittszustand auftreten; aber unterhalb eines bestimmten kritischen Wertes des Temperaturgradienten werden diese Fluktuationen gedämpft und verschwinden. Oberhalb dieses kritischen Wertes werden gewisse Schwankungen jedoch verstärkt und lassen einen makroskopischen Strom entstehen. Es tritt eine neue molekulare Ordnung auf, die im Grunde einer gewaltigen Schwankung entspricht, welche durch den Energieaustausch mit der Außenwelt stabilisiert wird. Diese Ordnung wird durch das Auftreten von, wie wir sagen werden, „dissipativen Strukturen" gekennzeichnet."[28]

Dissipative Strukturen (im Unterschied zu statischen Strukturen, wie z. B. Kristallen) können nur im *überkritischen Abstand vom Gleichgewicht* entstehen. Das System muß eine kritische Instabilitätsschwelle überschreiten, um den alten Ordnungszustand zu verlassen. Dies ist die von Prigogine und Glansdorff entdeckte notwendige Bedingung für jeden Selbstorganisationsprozeß.[29] Bisher glaubte man in der Physik, daß Instabilität nur das Chaos und die Unordnung vergrößere. Man versuchte daher, das zu untersuchende System möglichst stabil zu halten, um die entsprechenden Parameter kontrollieren zu können. Erst seit Prigogines und Glansdorffs Entdeckung, daß überkritische Instabilitäten das System in einen *neuen,* sogar komplexeren Ordnungszustand zwingen, hat sich die Sichtweise der Physiker grundlegend gewandelt.

Die durch Gradienten erzeugte Instabilität ist zwar eine notwendige Bedingung der Selbstorganisation, erklärt aber noch nicht hinreichend das plötzliche Auftreten *kohärenter* Mikrobewegungen. Für Prigogine gibt es drei grundlegende Erzeugungsprinzipien dissipativer Strukturen:[30]

---

[27] I. Prigogine, Vom Sein zum Werden. Zeit und Komplexität in den Naturwissenschaften, a.a.O., S. 102.

[28] Ebenda.

[29] P. Glansdorff/I. Prigogine, Thermodynamic Theory of Structure, Stability and Fluctuation, London 1971.

[30] G. Nicolis/I. Prigogine, Self-Organization in Nonequilibrium Systems. From dissipative Structures to Order through Fluctuations, a.a.O.

α)   Initiierung und Stabilisierung neuer Strukturen durch Entropieflüsse
     (universelles Prinzip der Energiedissipation)

β)   Entstehung von Verzweigungen, bzw. Bifurkationen (deterministi-
     sches Prinzip)

γ)   Ordnung durch Fluktuation (stochastisches Prinzip).

Im folgenden sollen die mehr philosophischen Aspekte dieser drei Prinzipien und ihre theoretischen Grenzen besprochen werden, um anschließend
Schellings heuristischen Lösungsansatz vorzustellen.

α) Universelles Prinzip der Energiedissipation
negativer Entropie[31]

Man könnte meinen, die Strukturbildung fernab vom Gleichgewicht
müßte dem II. Hauptsatz der Thermodynamik widersprechen. Prigogine hebt
jedoch die Gültigkeit dieses Fundamentalsatzes der klassischen Thermodynamik nicht auf. Er erweitert ihn nur durch eine Aufteilung der Entropieänderung dS in:

$$dS = d_i S + d_e S. \text{[32]}$$

Hierbei ist $d_i S$ die Veränderung durch irreversible Veränderungen im
Innern des Systems und $d_e S$ der in der Zeit dt ausgetauschte Anteil mit der
Umgebung. Während für die interne Entropieproduktion $d_i S$ gemäß des II.
Hauptsatzes immer gilt: $d_i S \geq 0$, kann sich der Term $d_e S$ je nach Umgebung
ändern. Falls kein Austausch mit der Umgebung stattfindet, wie bei isolierten
Systemen, ist der Term $d_e S = 0$, und wegen $d_i S \geq 0$ kann die Entropie und die
Unordnung innerhalb des Systems nur zunehmen oder im Gleichgewicht auf
Null sinken.

Ordnung kann erst entstehen, wenn das System mit der Umwelt Energie
oder Stoff austauscht. Dann ist es möglich, daß das System „negative Entropie" importiert und seine eigenen Entropieerzeugnisse exportiert. Prigogine
nennt diese Input-Output-Relation „Entropiefluß". Wenn der Entropiefluß
$d_e S$ die interne Entropieänderung $d_i S$ übersteigt, ist ein Anwachsen der
Ordnung möglich.

Dieser „Trick" zur Umgehung des II. Hauptsatzes wurde bereits von
Schrödinger im Jahre 1943 während einer Vorlesung am Trinity College in

---

[31] Vgl. ebenba, S. 24-60; sowie I. Prigogine/I. Stengers, Dialog mit der Natur. Neue
Wege naturwissenschaftlichen Denkens, a.a.O., S. 126 ff.

[32] Prigogine erweiterte den Entropiesatz erstmals in dieser Form in seiner Arbeit: Etude
thermodynamique des Phénomènes Irréversibles, Liège 1947.

Dublin zum Thema „Was ist Leben?" entwickelt.[33] Jedes Lebewesen nimmt durch seine Nahrung „negative Entropie" zu sich und entledigt sich seiner Entropieerzeugnisse. Nur so ist das *Fließgleichgewicht* der Organismen aufrechtzuerhalten.[34]

Um einem Mißverständnis vorzubeugen, sei betont, daß die negative Entropie nicht mit Energiezufuhr per se gleichzusetzen ist. Entscheidend ist vielmehr die Zufuhr von *geordneter Energie,* die zu Gradienten und mithin zu inneren Prozessen anregt. Am Beispiel der Bénard-Zellen illustriert, bedeutet dies, daß Wärmeenergie nur von der Grundfläche aus zugeführt werden darf. Wenn die Flüssigkeit von allen Seiten gleichmäßig aufgeheizt würde, würde sich das Chaos vergrößern, jedoch keine Wabenzellen entstehen. Bezogen auf die Organismen bedeutet die Konsumtion von negativer Entropie ein „Aufsaugen" an Ordnung.[35]

Eine dissipative Struktur kann nur *lokal* auf Kosten der Umwelt seine Ordnung entwickeln und aufrechterhalten. Die Ordnung der Umgebung wird duch den Import an „hochwertiger" (freie Energie > 0) und dem Export von „minderwertiger" (freie Energie $= 0$) Energie ständig entwertet.

„One has structures which are created by the continuous flow of energy and matter from the outside world."[36]

Theoretische Grenzen des Prinzips der Energiedissipation[37]:

Der Entropiefluß, der den Austausch des Systems mit der Umgebung regelt, ist äußerst einseitig zugunsten der dissipativen Strukturen geregelt. Das System „konsumiert", ohne etwas entropieverminderndes zu „produzie-

---

[33] E. Schrödinger, Was ist Leben? Die lebende Zelle mit den Augen des Physikers betrachtet, München 1951 (orig. Cambridge 1944), S. 101: „Das, wovon ein Organismus sich ernährt, ist negative Entropie. Oder, um es etwas weniger paradox auszudrücken, das Wesentliche am Stoffwechsel ist, daß es dem Organismus gelingt, sich von der Entropie zu befreien, die er, solange er lebt, erzeugen muß."

[34] Im Fließgleichgewicht befinden sich stationäre, dynamische Nichtgleichgewichtsstrukturen, indem sie permanent durch Austauschvorgänge reproduziert werden. Selbstorganisierungen dagegen geschehen nicht im Fließgleichgewicht, wie einige „New Age"-Philosophen glauben machen wollen.

[35] Schrödinger: „Der Kunstgriff, mittels dessen ein Organismus sich stationär auf einer ziemlich hohen Ordnungsstufe (einer ziemlich tiefen Entropiestufe) hält, besteht in Wirklichkeit aus einem fortwährenden 'Aufsaugen' von Ordnung aus seiner Umwelt." (E. Schrödinger, Was ist Leben? Die lebende Zelle mit den Augen des Physikers betrachtet, a.a.O., S. 104).

[36] I. Prigogine/R. Leféver, Theory of Dissipative Structures, in: Synergetics, Cooperative Phenomena in Multi Component Systems, hrsg. v. H. Haken, Stuttgart 1973, S. 124-135, hier S. 125.

[37] Siehe auch H. Hakens Kritik dieses Prinzips, Kap. III. 2. b) dieser Arbeit.

ren" — außer sich selbst. Um ein anschauliches Bild zu verwenden, könnte man die dissipativen Strukturen mit Parasiten vergleichen, die sich von der Ordnungsstruktur der Welt ernähren, selber aber nur Unordnung verbreiten. Selbstorganisation und Selbstreproduktion auf lokaler Ebene wird erkauft mit der Desorganisation der Umgebung. Das Energiereservoir der Umwelt wird schließlich aufgebraucht sein, und die örtlich begrenzte Organisation bricht zusammen.

Dehnt man dieses von Prigogine für einzelne dissipative Strukturen entwickelte Modell aus auf das Weltganze, so stellt man verblüfft fest, daß sich an Clausius' Endzeitvision nicht viel ändern kann. Denn angenommen die Welt ist ein in sich abgeschlossenes System, dann müssen irgendwann die Vorräte an negativer Entropie erschöpft sein, und die vielen Nichtgleichgewichtsstrukturen kollabieren. Je mehr dynamische Strukturen sich bilden und je höher ihr Komplexitätsgrad ist, desto höher ist die Entropieproduktion, und desto schneller nähert sich die Welt dem Ende aller „Zeiten".

Prigogine und Stengers lehnen es ab, den II. Hauptsatz auf das Universum zu extrapolieren,[38] doch können sie auch *noch keine Alternative* zu dem globalen Modell Clausius' geben. Die Erweiterung der klassischen Thermodynamik auf Systeme fernab vom Gleichgewicht durch den „Kunstgriff" des Entropieaustausches hat zwar eine gewisse Umgehung des Entropiesatzes für lokale Strukturbildungsprozesse ermöglicht und damit eine erste Erforschung dieser Prozesse eingeleitet, aber das Problem des II. Hauptsatzes ist nur auf eine andere Ebene verschoben worden — auf die Umgebung des Systems. Die Welt, als ganzes System betrachtet, müßte wieder eine Umgebung haben, um fortexistieren zu können, und so weiter. Eine unendliche Einschachtelung von „Umgebungen" wäre nötig, um die Höherentwicklung des Universums erklären zu können. Geschichte im Sinne von fortschreitender Organisation zu komplexeren Systemen ist im Rahmen des thermodynamischen Ansatzes Prigogines nur ein auf lokale Subsysteme begrenztes und daher *ephemeres* Geschehen, während die Energiedissipation, auf keine Umwelt angewiesen, die *universelle* Tendenz des Naturgeschehens beinhaltet. Die Irreversibilität, das „Werden" liegt primär in der Entropieproduktion.

Schellings heuristischer Lösungsansatz:

Wir werden später bei Schelling sehen, daß er durch die Einführung eines anderen Begriffes von *konstruktiver Produktion*, der im scharfen Gegensatz zu Prigogines *Entropieproduktion* zu sehen ist, die Grenzen des theoretischen

---

[38] Vgl. I. Prigogine/I. Stengers, Dialog mit der Natur. Neue Wege naturwissenschaftlichen Denkens, a.a.O., S. 125 ff.

Ansatzes von Prigogine wesentlich erweitern hilft, wenn auch vorerst nur auf philosophischer Ebene.

β) Deterministisches Prinzip der Bifurkationen[39]

Die Energiedissipation ist zwar ein universelles Prinzip, welches auch bei Strukturbildungsprozessen nach Prigogine eine wesentliche Rolle spielt, aber der Verbrauch von hochwertiger Energie allein erklärt noch nicht die Organisierung im Unterschied zur Desorganisation. Man versuchte zunächst mit deterministischen Verfahren dem Mechanismus der Selbstorganisation auf die Spur zu kommen.

Zustandsänderungen eines Systems werden in der Physik traditionell durch Differentialgleichungen erfaßt. Die Änderungen werden jeweils mit den Ursachen dieser Veränderungen in eine proportionale Beziehung gesetzt und in Bewegungsgleichungen (= Differentialgleichungen) ausgedrückt. Diese Gleichungen beinhalten im Grunde nur eine Folge von Gleichgewichtszuständen, deren Abstand voneinander unendlich klein ist (durch sog. „Grenzübergänge"). Daher kommt es, daß eine minimale Änderung der Randbedingungen eine proportionale Wirkung zur Folge hat. Diese Proportionalität zwischen Ursache (= Veränderung der Randbedingungen) und Wirkung (= Zustandsänderung des Systems) ermöglicht erst deterministische Verfahren. Zur Erläuterung sei hier eine Graphik gezeigt, die die Gleichungen der Bénardschen Flüssigkeit in sehr vereinfachter Form wiedergibt.[40] (Abb. 5)

Bis zur kritischen Temperaturdifferenz ist die Konduktion, die Wärmeleitung, der beherrschende Prozeß des Systems. Kleine Konvektionskeime werden sofort gedämpft und wieder zerstört und sind daher vernachlässigbar. Es läßt sich für diese erste unterkritische Phase eine feste Proportionalitätsbeziehung zwischen dem Anstieg des Temperaturgradienten ΔT und dem Wärmefluß q angeben:

$$\Delta T \sim q$$

---

[39] G. Nicolis/I. Prigogine, Self-Organization in Nonequilibrium Systems. From dissipative Structures to Order through Fluctuations, a.a.O., S. 63-222, und I. Prigogine, Vom Sein zum Werden. Zeit und Komplexität in den Naturwissenschaften, a.a.O., S. 116-131.

[40] Eine ausführlichere Darstellung findet sich bei W. Ebeling, Strukturbildung bei irreversiblen Prozessen, a.a.O., S. 80-86. Da der Wärmefluß $q = \dfrac{dQ}{dt}$ (zeitliche Änderung der Wärmemenge) ist, handelt es sich hier um eine Differentialgleichung.

(Wärmefluß)

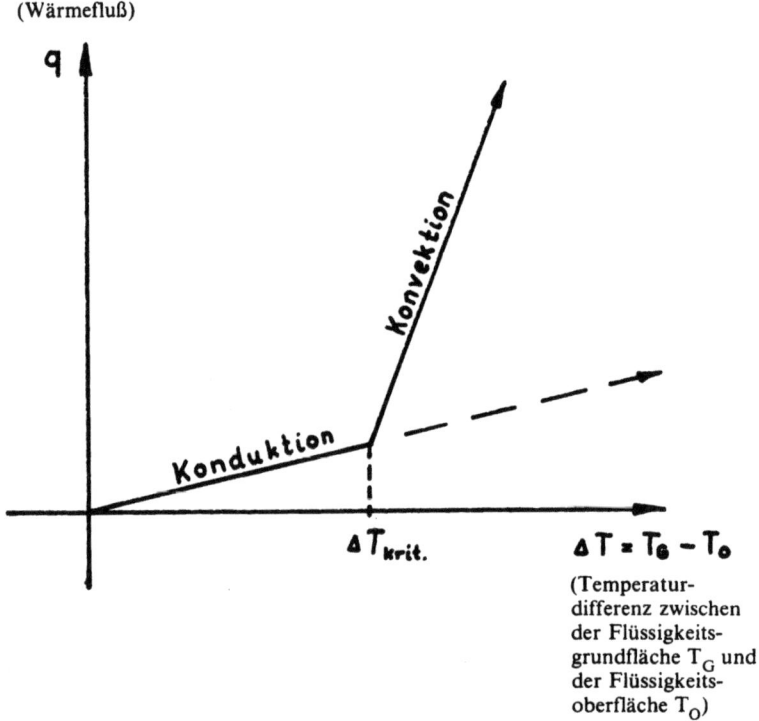

(Temperatur-
differenz zwischen
der Flüssigkeits-
grundfläche T_G und
der Flüssigkeits-
oberfläche T_O)

Abb. 5: Der Wärmestrom durch eine Flüssigkeit im unterkritischen und überkritischen Bereich; der Bénard-Effekt tritt beim kritischen Temperaturgradienten $\Delta T_{krit.}$ auf.
(aus: W. Ebeling, Wie können Strukturen spontan entstehen?, in: Wissenschaft
und Fortschritt, 26 (1976) 7, S. 309-313, hier S. 311.)

Wenn die Proportionalitätskonstante k herausgefunden worden ist, dann
läßt sich obige Beziehung in einem *Gesetz* formulieren:

$$q = k \cdot \Delta T$$

In dieser Weise wird die Änderung des Wärmeflusses eindeutig durch die
Änderung des Temperaturgradienten *determiniert.* Die Randbedingungen
(= ΔT) legen den Wärmefluß eindeutig fest. Ursache und Wirkung sind
bestimmbar und damit der Vorgang der Wärmeleitung erklärbar. Gleiches
gilt für die Konvektion — wenn sie erst einmal entstanden ist.

Theoretische Grenzen des deterministischen Prinzips:

Kritisch wird es erst, wenn das System der Flüssigkeit plötzlich von Konduktion auf Konvektion umschlägt. Man spricht auch von „*spontaner* Strukturbildung".[41] Die neue Prozeßstruktur ermöglicht sprunghaft (*nichtlinear*) einen größeren Energiedurchfluß. In der Graphik zeigt sich dieser Vorgang als *Singularitätsstelle*, als „Knick", dessen Ableitung nicht angebbar ist.[42] An diesem Punkt können also die Differentialgleichungen nichts wesentliches mehr über die Dynamik des Prozesses aussagen — außer, daß dort etwas Ungewöhnliches passiert.

Das Ungewöhnliche besteht nicht nur in der Strukturbildung, sondern in der abrupten Unvermitteltheit des Geschehens. Die Entwicklung der sechseckigen Wabenzellen z. B. geschieht nicht allmählich, etwa so, daß zunächst annähernd sechseckige Strukturen entstehen würden, die sich dann „vervollkommnen". Die Struktur ist vielmehr mit einem Mal da, ohne Übergang. Sie ist *nicht ableitbar* aus dem vorhergehenden Geschehen, denn eine minimale Änderung genügt, um das ganze System zum Umschlagen zu bringen. Die winzig kleine Veränderung der Randbedingungen steht in keinem Verhältnis zu der Wirkung, kann also nicht als „causa efficiens" gedacht werden. In der Singularitätsstelle, dem „kreativen Akt", fallen Ursache und Wirkung zusammen[43], d. h. die alten deterministischen Konzepte der Physik müssen hier versagen.

Was sie aber leisten ist, daß sie präzise aufzeigen, wann das System instabil wird und wann Verzweigungen auftreten, die in der Physik *Bifurkationen* getauft wurden. Die Bifurkationen geben die verschiedenen *möglichen* neuen Wege an, die das System im kritischen Punkt einschlagen kann. Diese verschiedenen Wege zeigen sich als unterschiedliche Lösungen der Differentialgleichungen unmittelbar nach der Singularitätsstelle. Vom kritischen Punkt gehen also mehrere „Trajektorien" aus. Die gleichen Anfangs- und Randbedingungen können nichtdeterministisch zu ganz unterschiedlichen Ergebnissen führen. Welches Ergebnis schließlich realisiert wird, ist nicht

---

[41] Vgl. z. B. W. Ebeling, Wie können Strukturen spontan entstehen?, in: Wissenschaft und Fortschritt 26 (1976) 7, S. 309-313; oder auch I. Prigogine, Vom Sein zum Werden. Zeit und Komplexität in den Naturwissenschaften, a.a.O., S. 162.

[42] „Singularitäten" heißen in der Mathematik außergewöhnliche Stellen, die aus dem „normalen" Funktionsverlauf herausfallen. Eine typische Singularitätsstelle hat zum Beispiel die Funktion $y = 1/x$ an der Stelle $x = 0$. Dort ist die Funktion nicht definiert. Diese Stelle kann nur unendlich approximiert werden. Zum Problem der Singularitäten siehe auch: B. Kanitscheider, Singularitäten, Horizonte und das Ende der Zeit, in: Philosophia Naturalis, 16 (1976/77), S. 480-511; sowie A. T. Winfree, The Geometry of Biological Time, New York/Heidelberg/Berlin 1980, S. 41-62; oder auch I. Prigogine/I. Stengers, Dialog mit der Natur. Neue Wege naturwissenschaftlichen Denkens, a.a.O., S. 79 f.

[43] Bei Schelling finden wir die Beschäftigung mit dem Zusammenfallen von Ursache und Wirkung wieder.

vorhersagbar, d. h. die Birfurkationstheorie kann nicht angeben, welcher neue thermodynamische Zweig vom System „gewählt" wird.

Prigogine selbst sieht die Grenzen der deterministischen, makroskopischen Beschreibungsweise:

> „Die verschiedenen Zweige, . . . erfüllen ja alle die entsprechenden Randbedingungen (dies im Gegensatz zu den klassischen Problemen in der Potentialtheorie, wo es für gegebene Randbedingungen nur eine einzige Lösung gibt). Außerdem liefern uns die makroskopischen Gleichungen nicht die notwendige Information darüber, was an den Verzweigungspunkten geschieht. Welcher Teil der Systeme folgt einer bestimmten Verzweigungsgeschichte?
>
> Um diese Frage zu beantworten, müssen wir auf die stochastische Theorie zurückgreifen, etwa auf Markow-Ketten."[44]

Der stochastischen Erklärungsmethode der Selbstorganisation werden wir uns im nächsten Abschnitt widmen, nachdem die mehr philosophischen Grundlagen der Bifurkationstheorie und ihre Grenzen aufgezeigt wurden.

Die Schwierigkeit, mit deterministischen Verfahren die Dynamik der Selbstorganisation zu fassen, gründet sich darauf, daß diese Verfahren prinzipiell von Gleichgewichtszuständen ausgehen und Mechanismen der Aufeinanderfolge von „stationären" Zuständen suchen, die es im Entstehungsprozeß nicht gibt.[45] Das „Sein" wird zum Ausgangspunkt genommen, und es ist für die Physik schwer, den Weg „vom Sein zum Werden" zu finden.

Prigogine nennt den Gleichgewichtszustand einen „Attraktorzustand" für die Materie.[46] Die Natur „bevorzugt" es, „nahe" dem Gleichgewicht in einem möglichst unveränderlichen Zustand zu verharren. Wenn das Gleichgewicht wegen entsprechender Randbedingungen nicht erreichbar ist, dann stellt sich die Natur auf einen Zustand minimaler Entropieproduktion ein, d. h. vereinfacht ausgedrückt, auf einen Zustand mit möglichst wenigen internen Prozessen. Wir haben es hier mit einem neuen Trägheitsprinzip zu tun.[47]

Die gleiche Frage wie in der klassischen Mechanik bzgl. des „ersten Bewegers" taucht auf: Wie kann bewegte Materie gedacht werden, wenn sie träge ist? Nur *äußere* Ursachen, von außen ansetzende Kräfte können den Bewegungzustand (in der Mechanik: die Geschwindigkeit) verändern. Bei der

---

[44] I. Prigogine, Vom Sein zum Werden. Zeit und Komplexität in den Naturwissenschaften, a.a.O., S. 211.

[45] Zum Begriff des „stationären" Nichtgleichgewichts siehe I. Prigogine, ebenda, S. 99.

[46] Vgl. I. Prigogine, ebenda, S. 29 f.

[47] Vgl. I. Prigogine, ebenda, S. 100: „Das Gesetz der minimalen Entropieerzeugung drückt eine Art 'Trägheits'-Eigenschaft von Nichtgleichgewichtssystemen aus." Die mathematische Formulierung des Gesetzes der minimalen Entropieproduktion findet sich in: G. Nicolis/I. Prigogine, Self-Organization in Nonequilibrium Systems. From Dissipative Structures to Order through Fluctuations, a.a.O., S. 42 ff.

*Selbst*organisation sind aber eben keine äußeren Gestaltungskräfte am Werke — dies könnte nur ein transzendenter Gott sein —, die Materie organisiert sich vielmehr selbst.

Da nun keine „causa efficiens" für die Selbstbewegung aufgefunden werden kann, bemüht man den Zufall, die „spezifischen Umstände" als neues Erklärungsschema. Prigogine schreibt:

„Die Gleichgewichtsgesetze sind universal. In großer Ferne vom Gleichgewicht kann das Verhalten jedoch sehr spezifisch werden."[48]

Die Universalität der Gleichgewichtsgesetze ergibt sich aus der Ljapunow-Funktion, die für jedes System in Gleichgewichtsnähe nur *eine* mögliche Lösung angibt — den eindeutig bestimmten Gleichgewichtszustand.[49] In Gleichgewichtsferne jedoch wird dieser „thermodynamische Zweig" instabil, und das System muß nun zwischen mehreren neuen Zweigen wählen. Diese Wahl wird durch spezifische, stochastische Umstände bestimmt, nicht durch universelle Gesetzmäßigkeiten.

Die Selbstorganisation der Natur ist nach Prigogines Auffassung keine universelle Gesetzmäßigkeit, die sich in einem Naturgesetz oder Prinzip formulieren ließe.[50] Das Werden, im engeren Sinne der Neuentstehung makroskopischer Strukturen, wird als singuläres Ereignis aufgefaßt, deren interne Dynamik nicht zu entschlüsseln ist. Es stellt sich heraus, daß die Selbstorganisation kaum zu begreifen ist, wenn das Sein in den Gleichgewichtszustand verlegt wird.

Schellings heuristischer Lösungsansatz:

Schelling geht den umgekehrten Weg. Das Werden ist ihm primäre Substanz, das einzelne Ding nur abgeleitet:

„so ist das S e y n s e l b s t nichts anderes als das C o n s t r u i r e n s e l b s t, oder da Construction überhaupt nur als Thätigkeit vorstellbar ist, nichts anderes die h ö c h s t e c o n s t r u i r e n d e T h ä t i g k e i t, die, obgleich selbst nie Objekt, doch Princip alles Objektiven ist."[51]

Die universelle Gesetzmäßigkeit ist nicht im Gleichgewichtszustand, sondern im Produktionsprozeß, d. h. in dem durch alle Entwicklungsstufen hindurchgehenden Selbstorganisationsprozeß zu suchen. Das einzelne Sein ist Produkt, „erloschenes Leben"; und das Entstehen des einzelnen Seins ist

---

[48] I. Prigogine, Vom Sein zum Werden. Zeit und Komplexität in den Naturwissenschaften, a.a.O., S. 105.

[49] Ebenda.

[50] H. Haken ist gegenteiliger Überzeugung, siehe Kap. III, Teil 2 dieser Arbeit.

[51] F. W. J. Schelling, Erster Entwurf eines Systems der Naturphilosophie. Für Vorlesungen, 1799, III 12.

nach Schellings Sichtweise eine spezifische Modifikation des universellen Erzeugungsprozesses.

γ) Stochastisches Prinzip der Fluktuationen[52]

Für Prigogine spielen die Schwankungen, auch Fluktuationen genannt, die wesentliche und entscheidende Rolle bei den Strukturbildungsprozessen. In Abgrenzung zum „Boltzmannschen Ordnungsprinzip", welches nur die Entstehung statischer Strukturen, wie z. B. Schneekristalle, erklärt,[53] sieht Prigogine in den Fluktuationen das Ordnungsprinzip für dissipative Strukturen.

„Während Schwankungserscheinungen in der makroskopischen Physik im allgemeinen eine untergeordnete Rolle spielen, da sie als geringfügige Korrekturen erscheinen, die bei hinreichender Größe des Systems vernachlässigt werden können, werden sie in der Nähe von Verzweigungen wesentlich. Man kann sagen, daß dort die Schwankungen den Mittelwert mitziehen. Dies ist die eigentliche Bedeutung des Begriffs der 'Ordnung durch Schwankungen', . . . ".[54]

Was ist mit dem Begriff „Schwankung" gemeint? Im Falle der Bénard-Flüssigkeit sind die Schwankungen kleine Konvektionsströme, die innerhalb des Regimes der Konduktion Ausnahmen bilden, weil sie neue Gesetzmäßigkeiten, wie z. B. Strömungsgesetze, beinhalten. Bei kleinen Temperaturgradienten treten Strömungen von Molekülen nur vereinzelt, punktweise auf. Diese „Keimbildungen" können sich gegen die makroskopische Ordnung der Konduktion nicht durchsetzen und werden gedämpft.

Mit zunehmendem Anstieg des Gradienten und beginnender Instabilität des Systems können sich die punktförmigen Konvektionen selbst verstärken und dadurch ihre Ausbreitung gegen die Dämpfung durchsetzen. Ab einem kritischen Punkt setzen sie sich gegen das alte makroskopische System der Konduktion durch und bilden nun ein neues Regime — das der Konvektion.

Wie kommt es aber nun zur Ausbildung einer ganz bestimmten hexagonalen Wabenstruktur?

Das System hat am kritischen Punkt mehrere Möglichkeiten, sich weiterzuentwickeln. Diese möglichen Wege werden durch die Bifurkationen vorgezeichnet. Die Differentialgleichungen geben für das System unmittelbar *nach* dem Verzweigungspunkt nicht mehr nur eine Lösung, sondern mehrere an.

---

[52] Vgl. G. Nicolis/I. Prigogine, Self-Organization in Nonequilibrium Systems. From dissipative Structures to Order through Fluctuations, a.a.O., S. 223-335.

[53] Vgl. I. Prigogine, Vom Sein zum Werden. Zeit und Komplexität in den Naturwissenschaften, a.a.O., S. 93.

[54] Ebenda, S. 144.

Die weitere Zukunft des Systems ist quasi „determiniert" in Form einer Menge von Optionen.

Für die Bénard-Flüssigkeit heißt dies z. B., daß bei der kritischen Temperaturdifferenz, auch „kritische Rayleigh-Zahl" genannt, theoretisch unendlich viele Formen entstehen könnten:

„Such patterns are straigth parallel rolls, triangular cells, square cells, rectangular cells of all side ratios, hexagonal cells, circular concentric rolls etc."

Zwei grundlegende Fragen bleiben offen:

„Namely first, which of the infinite number of theoretically possible patterns will actually be established at the critical Rayleigh number; and second, what is the solution of the equations when the Rayleigh number exceeds R_c [kritische Rayleigh-Zahl, M. H.], when consequently the nonlinear terms can no longer be neglected."[55]

Welcher Verzweigungsweg wird eingeschlagen? Prigogine meint, dies könne nur durch stochastische Fluktuationen entschieden werden:

„We have to expect these fluctuations to play an specially important role near bifurkation points. Thus, the system has to 'choose' one of the possible stable branches of the macroscopic equations. But nothing in the macroscopic equations justifies preference for any one choice. Therefore, stochastic elements must be taken into account, and we need a finer description involving fluctuations."[56]

Die Wahl zwischen den verschiedenen Lösungs-Zweigen wird durch den *Zufall* entschieden. Das System schwankt zunächst zwischen den verschiedenen Möglichkeiten hin und her und bleibt dann zufällig bei einer hängen.

Theoretische Grenzen des stochastischen Prinzips:

Die zufälligen Prozesse können allerdings nicht mehr mit den üblichen wahrscheinlichkeitstheoretischen Verfahren erfaßt werden, weil das „Gesetz der großen Zahl" in der Nähe von Verzweigungspunkten versagt.[57]

„In einem gewissen Sinne verliert der Begriff der makroskopischen Werte seinen Sinn. Makroskopische Werte werden im allgemeinen mit den 'wahrscheinlichsten' Werten gleichgesetzt, die, wenn Schwankungen vernachlässigt werden dürfen, mit den Mittelwerten identisch werden."[58]

[55] E. L. Koschmieder, Instabilitites in Fluid Dynamics, in: Synergetics. A Workshop, hrsg. v. H. Haken, Berlin/Heidelberg/New York 1977, S. 70-78, hier S. 70/71.

[56] G. Nicolis/I. Prigogine, Self-Organization in Nonequilibrium Systems. From Dissipative Structures to Order through Fluctuations, a.a.O., S. 8.

[57] Das „Gesetz der großen Zahl" besagt, daß bei einer genügend großen Anzahl von Dingen Mittelwerte berechnet werden können, die das Gesamtverhalten dieser Dinge (seien es Autos, Moleküle oder auch Menschen) beschreiben.

[58] I. Prigogine, Vom Sein zum Werden. Zeit und Komplexität in den Naturwissenschaften, a.a.O., S. 153.

Bei den Bénard-Zellen wird nicht der Mittelwert über die unendlich vielen Möglichkeiten der Gestaltbildung realisiert, sondern nur eine einzige von diesen vielen Möglichkeiten. Auf die Schwankungen zwischen den verschiedenen möglichen makroskopischen Zuständen des Systems bezieht sich Prigogines Fluktuationstheorie. Trotz des Versagens wahrscheinlichkeitstheoretischer Modelle in der Nähe des Verzweigungspunktes wird der Zufall als Bewegungsursache von Prigogine beibehalten.

„Diese 'Überkreativität' der Natur ergibt sich von selbst aus der von uns hier vorgeschlagenen Art der Beschreibung, in der 'Mutationen' und 'Innovationen' *zufällig* auftreten und nach den jeweils vorherrschenden deterministischen Beziehungen in das System aufgenommen werden. [Hervorhebung, M. H.]"[59]

Das Problem der Fluktuationshypothese Prigogines besteht darin, daß sie nicht erklären kann, warum sich hochgeordnete Strukturen ausbilden. Theoretisch wäre es z. B. auch möglich, daß die Schwankungen das System in ein „Chaos" stürzen, statt in eine ganzheitliche Ordnung.[60] Zufällige Schwankungen sollen die Moleküle bewegt haben, sich koordiniert und kohärent zu verhalten. Prigogine sieht selbst die Grenzen dieses Theorieansatzes, der eine bloß unvermittelte Kombination deterministischer (dynamischer) und stochastischer Methoden vorsieht:

„Die Beziehung zwischen den makroskopischen oder stochastischen Methoden einerseits und den dynamischen Methoden andererseits bleibt ein herausforderndes Problem."[61]

Die Strukturbildung kann nicht ganz zufällig geschehen, aber auch nicht deterministisch. Prigogine sucht daher nach einer Synthese von Zufall und Notwendigkeit.

Seine vorläufige Lösung dieses Problems — die Notwendigkeit in die vielen Verzweigungslinien zu verlegen, die jeweils *einzeln* betrachtet deterministischen Gesetzen unterliegen, und den Zufall in der Wahl zwischen diesen Linien am Werke zu sehen — diese Lösung ist eine Scheinlösung. Das eigentliche Problem der Selbstorganisation wird umgangen: Was geschieht im Verzweigungspunkt? Die Bifurkationen zeigen an dieser Stelle eine im Rahmen der deterministischen Konzepte nicht zu erklärende Singularität. Und die Fluktuationshypothese setzt die Existenz von neuen Ordnungsstufen immer schon voraus, zwischen denen dann gewählt wird. Die Fluktuationen

---

[59] Ebenda, S. 142, vgl. auch ebenda, S. 223, wo Prigogine von „Zufallsspielen" spricht.

[60] Der Erforschung des Chaos widmen sich die Physiker erst seit allerjüngster Zeit. Vgl. z. B. S. Grossmann, Deterministisches Chaos, in: Naturwissenschaften 68 (1981) 6, S. 300-306. Das Chaos darf nicht mit thermischer Regellosigkeit durch Energiedissipation verwechselt werden. Es bedeutet vielmehr: Auflösung der Strukturen durch immer komplexer werdende Ordnung.

[61] I. Prigogine, Vom Sein zum Werden. Zeit und Komplexität in den Naturwissenschaften, a.a.O., S. 211.

sind nicht die *Ursache* oder die innere Dynamik der Organisierung, sie sind nur ein *Anlaß*, der das System schließlich zum qualitativen Umschlag bringt.[62] Die Frage, wodurch und warum sich die vielen Moleküle plötzlich *kooperativ* als Ganzes verhalten, wird von Prigogine zwar gesehen, aber nicht beantwortet.

Schellings heuristischer Lösungsansatz:

Bei Schelling finden wir einen anderen Lösungsansatz. Er versteht den Selbstorganisationsprozeß zwar auch als einen nicht-deterministischen Vorgang, aber nicht als einen zufälligen.

„Denn indem sie [die Atomistiker, M. H.] den Ursprung dieser Dinge vom blinden Zufall ableiten, heben sie sofort auch alle Zweckmäßigkeit in ihnen und damit selbst alle Begriffe von Organisation auf."[63]

Schelling hebt den Dualismus von Zufall und Notwendigkeit ansatzweise durch einen neuen Freiheitsbegriff auf, wie wir noch sehen werden. Prigogine identifiziert Freiheit mit Zufälligkeit.[64] Freiheit ist ihm eine Freiheit der Wahl zwischen schon vorgegebenen Möglichkeiten, eine Art *Entscheidungsfreiheit*. Für Schelling dagegen ist Freiheit gleichbedeutend mit der schöpferischen Fähigkeit, neue Möglichkeiten überhaupt erst zu erzeugen. Die Freiheit wird hier *in* den Akt der Selbstorganisation gelegt, sie ist *produktive Freiheit*, während die „freie Wahl" Prigogines unmittelbar *nach* dem Singularitätspunkt stattfindet, wenn die produzierten neuen Möglichkeiten, wenngleich nur als Möglichkeiten, bereits vorliegen.

---

[62] Prigogine und Stengers sehen dies anders: „Wir können dissipative Strukturen als gewaltige Schwankungen auffassen, die durch Energie- und Materiefluß aufrecht erhalten werden. Sie sind in der Tat das *Ergebnis* von Schwankungen . . . [Hervorhebung, M. H.]". (I. Prigogine/I. Stengers, Dialog mit der Natur. Neue Wege naturwissenschaftlichen Denkens, a.a.O., S. 176). Daß die Schwankungen nur Anlaß und keine Ursache sein können, läßt sich bereits daran festmachen, daß eine unendlich kleine Zunahme einer bestimmten Fluktuation den qualitativen Umschlag bewirkt. Siehe Kap. III. 1. c) β) dieser Arbeit.

[63] F. W. J. Schelling, Ideen zu einer Philosophie der Natur als Einleitung in das Studium dieser Wissenschaft, a.a.O., II 42.

[64] Dies wird u. a. auch aus seiner Stellungnahme zu Einstein und Spinoza ersichtlich, in der er Freiheit mit Kontingenz und Zufälligkeit gleichsetzt: „Einstein glaubte an den Gott Spinozas, einen mit der Natur gleichgesetzten Gott, einen Gott von höchster Rationalität. In dieser Konzeption ist kein Raum für eine freie Schöpfung, für Kontingenz, für menschliche Freiheit. Jede Kontingenz, jede Zufälligkeit, die es scheinbar geben mag, ist nur Schein. Wenn wir glauben, in unseren Handlungen frei zu sein, so nur, weil wir ihre wahren Ursachen nicht kennen." (I. Prigogine, Vom Sein zum Werden. Zeit und Komplexität in den Naturwissenschaften, a.a.O., S. 210).

d) Zusammenfassung: eine zersplitterte Welt

Prigogine ging von dem Gegensatz zwischen menschlicher Geschichte und ewiger Naturgesetzlichkeit aus. Er fragte sich, wie menschliche Freiheit mit Deterministik in Einklang gebracht werden könne.

Die Thermodynamik bot einen ersten Anknüpfungspunkt, da sie irreversible, „historische" Prozesse untersuchte. Die von der klassischen Thermodynamik erfaßten irreversiblen Prozesse waren jedoch entropische, zur maximalen Desorganisation tendierende Naturvorgänge. Um Strukturbildungsprozesse mit thermodynamischen Erklärungsmodellen fassen zu können, war es notwendig, zunächst den II. Hauptsatz zu umgehen. Der „Kunstgriff" des Entropieflusses ermöglichte eine erste Umgehung des II. Hauptsatzes, jedoch nur für lokale Selbstorganisationsprozesse.

Wie sollte aber die innere Dynamik der Selbstorganisation aufgeklärt werden? Kann Prigogine die spontan entstehende Kohärenz im Rahmen der Thermodynamik begreiflich machen? Die letztere Frage muß verneint werden. Prigogine ist einer der Pioniere des Selbstorganisationsparadigmas, weil er mit der erste war, der die Fragestellung der Selbstorganisation ins Zentrum des Forschungsinteresses stellte. Seine Grundbegriffe sind jedoch noch sehr stark der klassischen Betrachtungsweise der Thermodynamik verhaftet geblieben.

Die Energiedissipation, d. h. der „Verbrauch" an negativer Entropie bleibt für ihn der primäre Naturvorgang, der allen thermodynamischen Zustandsänderungen, sowohl der Desorganisation als auch der Selbstorganisation, zugrunde liegt. Der Verbrauch, die Konsumtion von Energie kann aber nicht die *Produktion* von Strukturen erklären.

Wie die klassische Thermodynamik geht er vom Gleichgewichtszustand — vom *Sein* - aus, um von dort zum *Werden* zu gelangen. Die Bifurkationstheorie zeigt, daß dieser Übergang kaum möglich ist, wenn das Werden als Entstehung gemeint ist.

Die *Stochastik,* die erstmals im Zusammenhang mit klassisch-thermodynamischen Vorgängen in die Wissenschaft eingeführt wurde, ist die Grundlage für das Prinzip „Ordnung durch Fluktuation". Dieses Prinzip erhellt jedoch nicht den Prozeß der Entstehung von Kohärenz und Kooperation der Subsysteme. Der genetische Grund von Ordnung und Gesetzmäßigkeit kann schwerlich die Regellosigkeit und Kontingenz sein.

Prigogines Theorieansatz fehlt ein *gesetzmäßiges Erzeugungsprinzip.* Die Geschichte ist ihm kein Höherordnungsprozeß, sondern eine Welt von Verzweigungsbäumen, die sich zufällig so oder auch anders entwickeln können. Diese Orientierungslosigkeit hat in der philosophischen Verallgemeinerung Prigogines und Stengers zur Konsequenz: „ein zersplittertes Universum, das reich an qualitativen Unterschieden und potentiellen Überraschungen ist."[65] Dieses Universum ist nicht mehr intelligibel und beherrschbar.

„Der Physik der universellen Zusammenhänge tritt eine andere Wissenschaft entgegen, die nicht mehr im Namen von Gesetz und Herrschaft die Störung und Zufälligkeit bekämpft. Gegen die klassische Wissenschaft, die von Archimedes bis Clausius reicht, tritt die Wissenschaft von den Turbulenzen und den sich verzweigenden Entwicklungen."[66]

Was da dem Menschen bleibt, ist Ohnmacht, denn wie soll er in eine zersplitterte Welt, deren Gesetzmäßigkeit er nicht kennt, konstruktiv handelnd eingreifen können? Er kann nicht mehr einschätzen, welche Handlung konstruktiv ist und welche destruktiv. Soll er sich wieder blind und ohnmächtig dem Schicksal anvertrauen?

„Diese Welt, die anscheinend die Sicherheit von stabilen, dauerhaften Normen aufgegeben hat, ist zweifellos eine gefährliche und unsichere Welt. Blinde Zuversicht vermag sie uns nicht einzuflößen, aber vielleicht jenes Gefühl einer gedämpften Hoffnung, das in gewissen talmudischen Texten offenbar dem Gott der Schöpfung zugeschrieben wurde."[67]

2. Synergetik: Die Lehre vom Zusammenwirken (Hermann Haken)

a) Hakens philosophisches Motiv

Hakens Theorie der Selbstorganisation unterscheidet sich erheblich von der Prigogines. Er entwickelte seine Konzepte nicht wie dieser ausgehend von der Thermodynamik, sondern im Zusammenhang mit der Laserphysik.[68] Haken gilt als der Entdecker des kohärenten Verhaltens von Lichtwellen, bzw. von Photonen, im Laser. Er konnte erstmals 1968 zusammen mit R. Graham eine Theorie des Nichtgleichgewichts-Phasenüberganges im Laser veröffentlichen.[69] Es ist überraschend, daß Haken in einem ganz anderen Spezialgebiet als der Thermodynamik fast zu gleicher Zeit wie Prigogine auf das Phänomen der Selbstorganisation gestoßen ist. Möglicherweise hat er, ähnlich wie Prigogine, konzeptionelle Anregungen aus einem übergeordneten, außerphysikalischen Bereich aufgegriffen und in der Laser-

---

[65] I. Prigogine/I. Stengers, Dialog mit der Natur. Neue Wege naturwissenschaftlichen Denkens, a.a.O., S. 16.

[66] Ebenda, S. 292.

[67] Ebenda, S. 294.

[68] Die Laserphysik ist ein Teilgebiet der Quantenoptik. Haken ist also maßgeblich von der Quantentheorie geprägt worden.

[69] R. Graham/H. Haken, Quantum Theory of Light Propagation in a Fluctuation Laser-Active Medium, Zeitschrift für Physik (1968), 213, S. 420-450.

physik realisiert. Seinen Schriften ist dies nicht explizit zu entnehmen. Es fällt jedoch auf, daß sich Haken in Übereinstimmung mit Prigogine sehr für eine Integration von Natur- und Geisteswissenschaften einsetzt.

Die von ihm begründete neue Forschungsdisziplin mit dem Namen „Synergetik" ist als interdisziplinäre Wissenschaftsinstitution gedacht, die sowohl natur- als auch geisteswissenschaftliche Fächer zusammenführen soll.[70] Die Synergetik, als die Lehre vom Zusammenwirken, bezieht sich nicht nur auf die Forschungsgegenstände, auf die kooperativen Effekte sich selbstorganisierender Prozesse, sondern auch auf die wissenschaftliche Arbeit selbst. Die verschiedenen Fächer sollen zusammenwirken, um die tieferliegenden Gemeinsamkeiten der einzelnen Strukturbildungen herauszufinden. Wie Haken bemerkt, haben alle Disziplinen einen relativ begrenzten Horizont, der sie immer nur besondere Aspekte der Selbstorganisation erkennen läßt: den mathematischen, den thermodynamischen, den hydrodynamischen, chemischen, biologischen, ökonomischen, etc.; als Laserphysiker nimmt sich Haken von dieser Kritik nicht aus.[71]

Die Faszination, die von der Synergetik besonders für Naturwissenschaftler ausgeht, und die die rasche Ausbreitungsgeschwindigkeit dieser Lehre erklärt, hat ihre Ursache m. E. in der zunehmenden Spezialisierung der Wissenschaften. Die hochgradige Arbeitsteilung hatte dazu geführt, daß sich die Forscher auf ganz spezielle Detailprobleme konzentrierten und den großen Zusammenhang aller Naturerscheinungen aus dem Blickfeld verloren. Eine zunehmende Stagnation war auf vielen Bereichen der Naturwissenschaft und Mathematik zu beobachten, weil die großen, umfassenderen Ideen ausblieben, die die ausufernde Fülle von Faktenmaterial zu einem neuen Ganzen, zu einer neuen Theorie hätten vereinheitlichen können. Die Fragmentierung der Wissenschaft äußerte sich auch darin, daß die vielen Spezialisten keine gemeinsame Sprache mehr finden konnten. Die Isolierung der einzelnen Fachbereiche führte zu einer Art Ghettosituation, die das geistige Leben einengte. Unzufriedenheit breitete sich unter den Wissenschaftlern aus. Die Philosophie war den *Inhalten* der Naturwissenschaft schon zu sehr entfremdet, als daß sie eine neue Einheit hätte herstellen können. Mit Logik und Wissenschaftstheorie allein, die bewußt vom Forschungsgegenstand

---

[70] Haken verwendete den Ausdruck „Synergetik" erstmals 1970 in einer von ihm gehaltenen Vorlesung. Siehe H. Haken, Erfolgsgeheimnisse der Natur. Synergetik: Die Lehre vom Zusammenwirken, Stuttgart 1981, S. 249.
Hakens Interesse an geisteswissenschaftlichen Fragen ist besonders seiner populärwissenschaftlichen Veröffentlichung zu entnehmen, wo er neben physikalischen und biologischen Strukturbildungen auch eingehend gesellschaftliche und geistige Selbstorganisationsvorgänge erörtert. (H. Haken, ebenda, S. 133-198).

[71] Vgl. H. Haken, Lines of Developments of Synergetics, in: Dynamics of Synergetic Systems, hrsg. von H. Haken, Berlin/Heidelberg/New York, 1980[3] (1979[1]), S. 2-19, hier S. 15 f.

abstrahieren, konnte die Desintegration der Wissenschaften nicht aufgefangen werden.

Hakens Bemühungen um eine fächerübergreifende Vereinheitlichung der Wissenschaft decken sich mit denen Schellings, der sich ebenfalls mit einer Zersplitterung der Forschungsrichtungen konfrontiert sah. Diese Integrationsbemühungen basieren auf der philosophischen Idee, daß die Welt trotz all ihrer Mannigfaltigkeit eine Einheit darstellt, eine Einheit, die insbesondere auch die verschiedenen ontologischen Ebenen der anorganischen, organischen und geistigen Sphäre umfaßt. Die Synergetik bemüht sich sowohl um die Frage der physikalischen Grundlagen biologischer Prozesse, als auch um die Frage nach dem Zusammenhang von natürlichen und geistigen Prozessen. Sie sucht nach universellen Prinzipien, die alle Bereiche der Realität umfassen sollen.[72]

Die Grundlage für die Einheit der Welt sieht Haken, in Übereinstimmung mit Schelling, durch die dynamischen Strukturbildungen gegeben. Daher ist nach Hakens Auffassung eine Integration der Wissenschaften nur auf evolutiver Basis möglich. Auch die traditionelle Spaltung der Natur- von den Geisteswissenschaften ist aufhebbar durch die Einsicht, daß die Natur in ähnlicher Weise wie der menschliche Geist sich selbst organisieren kann. Diese Lösung des alten Leib-Seele-Problems findet sich bereits bei Schelling, wie wir noch sehen werden. Interessanterweise scheint das Problem der Einheit von Natur und Geist für Haken eine Art Schlüsselrolle gespielt zu haben, genau wie für Schelling. Die Natur wird mit den schöpferischen Fähigkeiten des Menschen in Beziehung gesetzt. Im Unterschied zu Prigogine reduziert Haken jedoch die Kreativität nicht auf eine bloße Entscheidungsfreiheit; er betont mehr die Erzeugung neuer Ordnungen. Haken beschreibt die, wie er sagt, „schöpferischen Leistungen" des Menschen wie folgt:

> „Ähnlich wie bei einem Puzzle entsteht ein ganz neues zusammenhängendes Bild vor unserem Auge. In unserem Gehirn findet eine Art Phasenübergang des Bewußtseins statt, vieles vorher Unzusammenhängende erscheint plötzlich als etwas sinnvoll Geordnetes, das quälende Nachdenken macht plötzlich einer befreienden Gewißheit Platz. Lange schon hat die neue Erkenntnis in uns geschlummert, plötzlich kommt sie aber wie eine Erleuchtung über uns."[73]

Haken geht es in viel stärkerem Maße als Prigogine um die Erklärung der sich bildenden ganzheitlichen *Ordnung*. Wie kann sich etwas „Unzusammen-

---

[72] Siehe z. B. H. Haken (Hrsg.), Evolution of Order and Chaos in Physics, Chemistry, and Biology. Proceedings of the International Symposium on Synergetics at Schloß Elmau, April 26 — May 1, 1982, Berlin/Heidelberg/New York 1982; H. Haken, Complex Systems — Operational Approaches in Neurobiology, Physics, and Computers. Proceedings of the International Symposium at Schloß Elmau, May 6-11, 1985, Berlin/Heidelberg/New York/Tokyo 1985.

[73] H. Haken, Erfolgsgeheimnisse der Natur. Synergetik: Die Lehre vom Zusammenwirken, a.a.O., S. 195.

hängendes", Zersplittertes zu einem wohlgeordneten Gesamtbild zusammenfügen? Das gesetzmäßige, kohärente *Zusammenwirken* vorher vereinzelter, regellos sich durcheinander bewegender Dinge ist das zu erklärende Phänomen. Prigogine fragt nach dem Übergang vom Sein zum Werden, Haken nach dem Übergang von der Unordnung zur Ordnung.

Den kreativen Akt selbst beschreibt Haken als plötzlich auftretende „Erleutung", was darauf hindeutet, daß er keinen direkten Einblick in die intern ablaufenden Prozesse des schöpferischen Denkens besitzt:

„Durch eine Fluktuation (‚die Erleuchtung') entsteht ein neuer Ordner (also die neue Idee), dem es dann gelingt, sich die einzelnen Aspekte unterzuordnen und zu korrelieren, zu versklaven."[74]

Was während der „Erleuchtung" geschieht, bleibt im Dunkeln. „Plötzlich" ist die neue Idee da, die aus dem unzusammenhängenden Wissen eine sinnvoll geordnete Gestalt entstehen läßt.

Schelling hat sich dem schwierigen Unterfangen gewidmet, den schöpferischen Prozeß, die „Erleuchtung", begrifflich genauer und differenzierter zu erfassen, um von dort ausgehend einen Einblick in das „innere Triebwerk" der sich selbst organisierenden Natur zu gewinnen. Haken sieht in dieser Herangehensweise — den *inneren* Prozeß der Selbstorganisation durch eine Art Introspektion zu untersuchen, um ein Verständnis der sich empirisch in der *äußeren* Natur zeigenden Gestaltbildungsprozesse entwickeln zu können — ebenfalls eine legitime Möglichkeit. Er schreibt:

„Dies alles [der schöpferische Prozeß, M. H.] geschieht aber wieder völlig selbst organisiert — auch unsere Gedanken organisieren sich selbst zu neuen Einsichten, zu neuen Erkenntnissen. Vielleicht ist es sogar dieser Umstand, daß uns viele Selbstorganisationsprozesse in der Natur verständlich werden."[75]

b) Hakens Kritik an Prigogines Theorieansatz

Die Gestaltbildung wird nach Auffassung Hakens von Prigogines universellem Prinzip der Energiedissipation nicht erhellt:

„Dieses von P. Glansdorff und I. Prigogine aufgestellte Prinzip befaßt sich damit, wie Entropie, d. h. wie Unordnung auf mikroskopischer Ebene, bei dissipativen Vorgängen erzeugt wird. Wie von Rolf Landauer und von Ronald F. Fox gezeigt wurde, ist leider dieses Prinzip nicht universell gültig, und es hat auch nicht immer die von ihm behauptete Eigenschaft, eine sogenannte Ljapunow-Funktion zu sein. ... Während dies wohl nur für Experten von Interesse sein mag, ist ein anderer Gesichtspunkt sofort einleuchtend: Dieses Prinzip ist nämlich auch gar nicht in der Lage,

---

[74] Ebenda, S. 196.
[75] Ebenda.

vorauszusagen, welche ‚dissipativen Strukturen' überhaupt entstehen. Es kann z. B. weder die Eigenschaften des Laserlichts, noch die Form der Bénardzellen, also die Bienenwabenstruktur bei Flüssigkeiten, voraussagen. Dies vermögen in der Tat erst die in der Synergetik benutzten oder sogar hierzu neu entwickelten mathematischen Methoden."[76]

Haken geht es darum, die *Gesetzmäßigkeiten* der Strukturbildung zu erforschen, die es ermöglichen, die Strukturen zu prognostizieren. Weder zufällige Schwankungen noch spezifische Umstände können nach Haken die Selbstorganisation begreiflich machen.[77] Weil die Selbstorganisation ein universelles Phänomen ist, müssen ihr auch allgemeine Gesetze zugrunde liegen.

„Solche [komplexe, M. H.] Systeme lassen sich von verschiedenen Gesichtswinkeln aus betrachten: Man kann die Funktionsweise der einzelnen Teile untersuchen oder den Blick mehr auf das Ganze richten. Im ersteren Falle wird man wie bei einem Spiel von Regeln ausgehen, die die Einzelschritte der Teile bestimmen und damit schließlich ein ‚Muster' ergeben. Dies wird in eindrucksvoller Weise in dem Buch von Manfred Eigen und Ruthild Winkler ‚Das Spiel' (Piper 1976) dargestellt. Den zweiten Weg geht die Synergetik, deutsch ‚Die Lehre vom Zusammenwirken'. Hier fragen wir zumeist nicht nach den einzelnen elementaren Regeln, sondern nach welchen allgemeinen Gesetzen sich Strukturen bilden."[78]

Haken bezieht sich hier zwar explizit nur auf M. Eigen und R. Winkler, aber die gleiche Abgrenzung wäre auch gegenüber Prigogine vollziehbar, der ebenfalls nach den *spezifischen Regeln* eines Organisierungsprozesses sucht.[79]

Haken hält fest an dem Prinzip, daß die Natur von einheitlichen Gesetzen durchdrungen ist. Die vielen spezifischen Regeln und Mechanismen müssen sich in der Wissenschaft immer wieder unter Fundamentalgesetze subsumieren lassen. Wissenschaft ist nur möglich, wenn die Natur als ein Zusammenhang gedacht wird, dessen Entwicklung von wenigen grundlegenden Prinzipien dominiert wird.

„In der Tat, wäre die Bildung jeder einzelnen Struktur ganz speziellen Gesetzen unterworfen, die nur für diese Struktur gelten würden, so wäre es nicht damit getan

---

[76] Ebenda, S. 241. Vgl. auch folgende Äußerung Hakens: „Irreversible thermodynamics is largely using concepts such as entropy, entropy production etc. which are no more adequate to deal with nonequilibrium phase transitions." (aus: Ders., Lines of Development of Synergetics, in: Dynamics of Synergetic Systems, hrsg. v. H. Haken, a.a.O., S. 16).

[77] Die Auffassung mancher „maßgebender Physiker", daß „die Natur als riesige Schwankungserscheinung" zu betrachten ist, kritisiert Haken in: Erfolgsgeheimnisse der Natur. Synergetik: Die Lehre vom Zusammenwirken, a.a.O., S. 19.

[78] Ebenda, S. 10.

[79] Prigogine: „We observe around us a great variety of behavior. One could even state that we observe a basic dichotomy; on one side we have the basic laws of classical and quantum dynamics, and on the other we have natural phenomena that may well be represented by 'games', in the terminology of Eigen and Winkler (1975)." In: G. Nicolis, I. Prigogine, Self-Organization in Nonequilibrium Systems. From Dissipative Structures to Order through Fluctuations, a.a.O., S. 472.

ein Buch zu schreiben, man müßte das Wissen in einer ganzen unübersehbaren Bibliothek niederlegen."[80]

Der Wunsch, eine *„einheitliche Weltschau"* zu erlangen, ist nach Haken ein Grundmotiv jeder wissenschaftlichen Arbeit, neben dem Sammeln von „Tatsachenmaterial".[81] Es läßt sich kein stärkerer Gegensatz zu Prigogines und Stengers philosophischer Sichtweise denken, die der Aussage des französischen Neostrukturalisten Michel Serres ausdrücklich zustimmen:

„Die Physik des Falls, der Wiederholung, der rigorosen Verkettung wird ersetzt durch die schöpferische Wissenschaft des Zufalls und der Umstände."[82]

Haken will zwar auch die statische Sichtweise der traditionellen Physik durch eine neue ersetzen, aber nicht um den Preis wissenschaftlicher Kohärenz und Konsistenz. Welche dritte Alternative er dem entgegenzusetzen hat, werden wir im folgenden sehen.

c) Die Erzeugungsprinzipien synergetischer Strukturen und ihre theoretischen Grenzen

Haken definiert die neue Wissenschaftsdisziplin „Synergetik" wie folgt:

„In diesem Sinne kann die Synergetik als eine Wissenschaft vom geordneten, selbstorganisierten, kollektiven Verhalten angesehen werden, wobei dieses Verhalten allgemeinen Gesetzen unterliegt."[83]

Haken ist zwar spezialisiert auf die Laserphysik, er hat seine dort entwickelte synergetische Methode jedoch auf andere Bereiche der Physik angewendet. Um nicht im Rahmen dieser Arbeit die Grundbegriffe der Quantenoptik einführen zu müssen, bleiben wir bei dem Beispiel der Bénard-Zellen, auf die Haken seine Theorie ebenfalls angewendet hat.[84] Indem Hakens Modell am gleichen Beispiel erläutert wird wie zuvor Prigogines, werden zudem die

---

[80] Vgl. H. Haken, Erfolgsgeheimnisse der Natur. Synergetik: Die Lehre vom Zusammenwirken, a.a.O., S. 15.

[81] Ebenda, S. 16.

[82] M. Serres, La naissance de la physique dans le texte du Lucrèce, Paris 1977, zit. nach: I. Prigogine/I. Stengers, Dialog mit der Natur. Neue Wege naturwissenschaftlichen Denkens, a.a.O., S. 292. Die Affinität des Buches „Dialog mit der Natur" zum franz. Neostrukturalismus zeigt sich u.a. auch in der Bezugnahme auf J. Lacan (S. 119), G. Deleuze (S. 301), und C. Levi Strauss (S. 193 f.); Favorit bleibt jedoch M. Serres mit ausführlichen Zitaten besonders im Schlußkapitel des Buches.

[83] H. Haken, Erfolgsgeheimnisse der Natur. Synergetik: Die Lehre vom Zusammenwirken, a.a.O., S. 21.

[84] Ebenda, S. 43-60; siehe zudem E. L. Koschmieder, Instabilities in Fluid Dynamics, in: Synergetics. A Workshop, hrsg. v. H. Haken, Berlin/Heidelberg/New York 1977, S. 70-79.

Unterschiede beider Theorieansätze deutlicher. Wie erklärt sich Haken die Entstehung von hexagonalen Wabenstrukturen in der Bénardschen Flüssigkeit? Über Prigogine hinausgehend gibt Haken zwei weitere Erzeugungsprinzipien an:

α) das Selektionsprinzip,
β) das Versklavungsprinzip.

α) Das Selektionsprinzip

Zunächst ist Hakens Theorieansatz identisch mit dem Prigogines, wonach ein System instabil wird, wenn das System einen kritischen Abstand vom Gleichgewicht erreicht. In der Bénard-Flüssigkeit können sich nun einzelne „Flüssigkeitströpfchen" gegen die Dämpfung des Systems durchsetzen und nach oben steigen.

„Das Erstaunliche ist aber nun, daß derartig heiße Flüssigkeitströpfchen nicht unregelmäßig nach oben streben, sondern gleichmäßig geordnet."[85]

Welche Gründe gibt es dafür? Die geordnete Strömung ist *zweckmäßiger* als die ungeordnete, da sich die Moleküle gegenseitig weniger stark in ihren Bewegungen behindern, wenn sie sich zusammen in einer Richtung auf- und abbewegen. Die permanenten Zusammenstöße ungeregelter Mikrobewegungen werden beträchtlich reduziert, wenn sie sich kollektiv zu einem Strom zusammenfügen.

„Sie [die Flüssigkeit, M. H.] findet heraus, daß sie die erwärmten Teile viel besser nach oben transportieren kann, wenn sich diese zu einer regelmäßigen Bewegung zusammenfinden."[86]

Der Wärmefluß kann sprunghaft ansteigen, wenn sich in der Bénard-Flüssigkeit kohärente Bewegungsmuster ausbilden. Dieser sprunghafte Anstieg des Wärmeflusses mit Beginn der Konvektion zeigt sich in dem zugehörigen Graph der Funktion als Singularitätsstelle.[87] Die plötzlich sich bildende Ordnung ist nach Haken nicht bloß eine Laune der Natur, ein zufälliges Produkt regelloser Fluktuationen. Diese Ordnung hat einen funktionalen *Sinn*, denn sie erhöht die „Transportkapazität" der Flüssigkeit und erfüllt damit eher das Bestreben der unteren erhitzten (und daher leichteren) Schicht aufzusteigen und das Bestreben der schwereren oberen Schicht der Gravitationskraft zu folgen und abzusinken. Hier wirkt in gewisser Weise eine *causa finalis*. Diejenige Bewegungsform setzt sich gegen andere mögliche Bewe-

---

[85] H. Haken, Erfolgsgeheimnisse der Natur. Synergetik: Die Lehre vom Zusammenwirken, a.a.O., S. 46.
[86] Ebenda, S. 47.
[87] Siehe Kap. III, 1. c) β) dieser Arbeit.

gungsformen durch, die besser die „Bedürfnisse" des physikalischen Systems erfüllen kann.

Haken vermeidet es zwar tunlichst, seine Theorie mit einer Teleologie in Verbindung zu bringen, doch klingen ab und zu teleologische Vorstellungen an, z. B. wenn er schreibt:

„Fast immer müssen bei diesen Vorgängen sehr viele Einzelteile in sinnvoller Weise zusammenwirken."[88]

Oder:

„Wir werden an diesem Beispiel [des Lasers, M. H.] sehen, daß sich auch unbelebte Materie selbst organisieren kann, *um* sinnvoll erscheinende Vorgänge hervorzubringen. [Hervorhebung, M. H.]"[89]

Haken relativiert die Aussage, daß die Selbstorganisation das immanente Ziel hat, sinnvolle Prozesse hervorzubringen, indem er hinzusetzt „sinnvoll erscheinende", doch ist eine, obgleich vorsichtige, teleologische Interpretation der Strukturbildung angedeutet.

Als Naturwissenschaftler bleibt Haken nicht bei teleologischen Betrachtungen stehen. Er will den Mechanismus der Selbstorganisation, d. h. die *causa efficiens* der aufeinanderfolgenden Prozeßstufen aufdecken. Wie stellt sich Haken die Strukturbildung in ihrem konkreten Verlauf vor?

Das instabil werdende System „testet" durch Fluktuationen die verschiedenen neuen Bewegungsmöglichkeiten aus.[90] In bezug auf die Bénard-Flüssigkeit bedeutet dies, daß kleine Konvektionsströme in den verschiedensten Konfigurationen entstehen. Diese verschiedenen Konfigurationen, wie links- oder rechtsgerichtete Rollenbewegungen mit großem oder kleinem Durchmesser etc., beinhalten, in der Terminologie der Bifurkationstheorie gesprochen, die verschiedenen neuen Verzweigungslinien, zwischen denen das System „wählen" muß. Haken bezeichnet die verschiedenen möglichen makroskopischen Bewegungsformen, die ein System haben kann, als „Moden".

Welche von den vielen konkurrierenden Moden setzt sich durch? Bei der Bénard-Flüssigkeit ist es diejenige Rollenbewegung, die den Wärmefluß am besten gewährleistet.

„Bei der einen [Bewegungsform, M. H.] findet die Flüssigkeit heraus, daß hier die Verhältnisse besonders günstig sind für das Aufsteigen der warmen Teile. Diese Bewegungsform wächst immer mehr an. Immer mehr Teile der Flüssigkeit werden in diese Bewegung hineingezogen, werden von ihr ‚versklavt'."[91]

---

[88] Ebenda, S. 9.

[89] Ebenda, S. 19.

[90] „In einem offenen System testen die einzelnen Bestandteile ständig neue Lagen zueinander, neuartige Bewegungsabläufe oder neuartige Reaktionsvorgänge, an denen jeweils sehr viele Einzelteile des Systems beteiligt sind." (ebenda, S. 243).

[91] Ebenda, S. 47.

Die für das System günstigste kollektive Bewegungsform ordnet sich alle anderen Moden unter und bestimmt von nun an die Gesamtdynamik des Systems. Welche Moden am „günstigsten" oder „besten" sind, läßt sich quantitativ an den *Wachstumsraten* der verschiedenen, zur Auswahl stehenden Moden ablesen.

Haken vergleicht sein Modell der Selbstorganisation mit der Darwinschen Evolutionstheorie:

„Dies [die Idee des Wettbewerbs zwischen den Moden, M. H.] erinnert natürlich sehr stark an die Grundidee des Darwinismus für die belebte Natur, wo der Wettkampf der Arten Motor der Entwicklung ist. Wir erkennen nun, daß der Darwinismus der Spezialfall eines noch umfassenderen Prinzips ist. Der Wettkampf findet auch schon in der unbelebten Materie statt."[92]

Haken weitet das darwinistische Modell von der biologischen Sphäre sowohl auf die anorganische Materie, als auch auf den geistigen und gesellschaftlichen Bereich aus. Einschränkend weist er zwar auf „höhere Gesichtspunkte" für die Analyse gesellschaftlicher Prozesse hin, wie „moralische, humanitäre oder religiöse" Werte, doch ist die sozialdarwinistische Komponente seiner Theorie unübersehbar.[93]

Theoretische Grenzen des Selektionsprinzips:

Hier muß denn auch die Kritik des Selektionsprinzips ansetzen. Ganz abgesehen davon, daß eine Neuauflage des Sozialdarwinismus der zwanziger und dreißiger Jahre sicher nicht wünschenswert ist, weil die politischen Konsequenzen einer Theorie, die das „Recht des Stärkeren" proklamiert, hinlänglich bekannt sind, so zeigt das Selektionsprinzip auch theoretische Grenzen. Wie das Darwinsche Evolutionsmodell nicht einsichtig machen kann, warum die Arten und Gattungen, die sich am besten an die Umwelt anpassen, auch die höherentwickelten sind, warum es also zu einer aufsteigenden Linie des Organisationsgrades kommt, so kann die Selektionstheorie Hakens nicht erklären, warum diejenigen Moden, die sich durchsetzen, jeweils einen höheren Ordnungsgrad besitzen als vorherige Ordnungszustände.

Die Geschichte der anorganischen Natur, angefangen von der Bildung der Elemente bis zur Entstehung von Galaxien und Planetensystemen, zeigt aber, daß diese wie die Evolution der Biosphäre zu höheren Ordnungsstufen führte, die sowohl durch Differenzierungen als auch durch Integrationsprozesse hervorgebracht wurden. Das Kriterium des „Besseren" und „Stärkeren" müßte sich auf den Naturprozeß als Ganzes beziehen, wenn diese Höherord-

---

[92] Ebenda, S. 244.
[93] Siehe ebenda, S. 182 und S. 245.

nung erklärlich werden soll. Denn auf der Ebene des bloßen Wettbewerbs zwischen verschiedenen lokalen Moden (= Ordnungszustände) wäre es durchaus denkbar, daß sich diejenigen durchsetzen, die beispielsweise die Biosphäre, als ganzes System betrachtet, desorganisieren, und in bezug darauf nicht die „besten" sind.

Haken hat zwar einen Begriff von zielgerichteter Entwicklung für lokale Systeme, so daß es nicht mehr der bloße Zufall ist, der entscheidet, welche Verzweigungslinie schließlich gewählt wird, aber die *Kriterien* für das „Bessere" und „Günstigere" bedürften einer klareren Bestimmung. Nicht in jedem Fall ist die Bewegungsform, die sich aufgrund der größten Wachstumsraten durchsetzt, auch die bessere; dies wäre eine Tautologie. Besonders auf gesellschaftlicher Ebene gibt es genügend Beispiele, die belegen, daß sich auch Ordnungszustände etablieren können, die alles andere als günstig für die weitere Entwicklung des Gemeinwesens sind.

Ein weiteres, noch wesentlicheres Defizit der Selektionstheorie besteht darin, daß sie nichts über die *Produktion* neuer Organisationsformen aussagt. Selektiert wird nur unter bereits existenten „Moden". Sie sind schon erzeugt, ehe sich entscheidet, ob sie „fit" genug sind, den Konkurrenzkampf zu bestehen. Die Selektion gibt zwar an, wie Moden vernichtet werden, nicht jedoch wie welche entstehen. Die Frage, welche Mechanismen denn nun eigentlich zur Ausbildung einer kooperativen Ganzheit führen, wird durch die Selektionstheorie nicht beantwortet. Dies spricht natürlich nicht gegen die Tatsache, daß es Selektion gibt. Fraglich ist nur, ob sie die Selbstorganisierung erklären kann.

β) Das Versklavungsprinzip

Das Versklavungsprinzip ist das zentrale Ordnungsprinzip der Synergetik. Entscheidend ist für dieses Prinzip, *daß* sich eine Bewegungsform oder eine endliche Zahl sich gegenseitig einschränkender und stabilisierender Bewegungsformen durchsetzt, die dann die anderen möglichen Formen des Zusammenwirkens ausschließen. Eine Ordnung ist in dem Augenblick entstanden, wenn der Konkurrenzkampf zwischen den verschiedenen Moden entschieden ist. Welche Mode gewinnt ist für das Versklavungsprinzip zunächst unerheblich. Wichtig ist, daß sich eine Bewegungsform etablieren kann, die das Verhalten der einzelnen Bestandteile in eine bestimmte Bahn zwingt, und so die zunächst regellose Mikrobewegung in einer bestimmten Weise koordiniert. Der neue Zustand ist in jedem Fall höherstrukturiert als der vorherige — gleichgültig welche Kooperationsform sich durchsetzt — denn der alte Zustand war ungeordnet.

Bei der Bénard-Flüssigkeit entstehen geordnete Strömungsstrukturen, wenn sich die Flüssigkeitsmoleküle auf eine Konvektionsform „geeinigt" haben, wenn also die Lage, die Strömungswinkel, die Größe usw. der einzelnen Wabenzellen festliegen. Während des „Wettbewerbs" zwischen den einzelnen Moden war das System noch ungeordnet, d. h. es gab keine ausgezeichneten Stellen des Auf- und Abströmens. Nun müssen sich die Moleküle jedoch der Bewegung der anderen anschließen und können, je nachdem, an welcher Stelle sie sich gerade befinden, entweder nur hochsteigen oder nur herabfließen — sie sind versklavt.

Haken betont, daß das Versklavungsprinzip ganz wertfrei zu verstehen ist.

„Es bringt eine bestimmte Folgebeziehung zum Ausdruck, hat aber nichts mit Versklavung im ethischen Sinne zu tun. So werden z. B. die Angehörigen eines Volkes von dessen Sprache versklavt."[94]

Dieses Bild von der Sprache als Ordner des kollektiven Verhaltens illustriert gut den Bedeutungsgehalt des Begriffes „Versklavung". Um miteinander kommunizieren zu können, benötigen die Menschen einen gemeinsamen „Code", der die sprachlichen Laute erst zu verstehbaren Verständigungsmitteln werden läßt. Dieser Code bildet die feste, permanente Basis für das sinnvolle Zusammenwirken der Menschen; gleichzeitig werden ihre Ausdrucksmöglichkeiten durch eine Sprache eingeengt auf einen begrenzten Bedeutungshorizont.[95]

Ähnlich ergeht es nach Hakens Auffassung den Flüssigkeitsmolekülen, die nur kooperieren können, wenn sie sich der makroskopischen Gesamtdynamik unterordnen. Würden die einzelnen Moleküle nur ihrer „individuellen" Bahn folgen, so entstünde ein regelloses Durcheinander der Bewegungen, die sich statistisch, „entropisch" ausgleichen würden. Das Gegenteil einer Strukturierung wäre erreicht. Was für die Sprache der Code ist, ist für ein physikalisches System der „Ordner", der die verschiedenen Ordnungsparameter eines Systems beinhaltet, wie z. B. die Symmetrieeigenschaften der Geschwindigkeitsverteilung der Moleküle.

Die Ordnungsparameter werden dem System nicht von außen aufgeprägt; sie entstehen durch das Zusammenwirken der einzelnen Bestandteile des Systems. Das kollektive Verhalten einzelner bringt das geordnete Ganze hervor, und umgekehrt determiniert das Ganze die Einzelbewegungen zu einer kohärenten Bewegung. Dies ist die *Dialektik* der Selbstorganisation, wie sie durch das Versklavungsprinzip formuliert wird.

---

[94] Ebenda, S. 20.
[95] Zur Entwicklung der strukturalistischen Sprachtheorie vgl. z. B. V. Descombes, Das Selbe und das Andere. Fünfundvierzig Jahre Philosophie in Frankreich 1933-1978, Frankfurt a. M. 1981, S. 111 ff.

„Der Ordner wird durch das Zusammenwirken der einzelnen Teile geschaffen, umgekehrt regiert der Ordner das Verhalten der Einzelteile."[96]

Als Fortschritt gegenüber Prigogine ist zu werten, daß Haken die Frage ernst nimmt, warum sich aus der Instabilität gerade hochgradig geordnete Zustände herausbilden. Er versucht, der inneren Bildungsgesetzmäßigkeit der *Kooperation* auf die Spur zu kommen und *allgemeine Ordnungsprinzipien* aufzustellen, die jedem kollektiven Prozeß zugrunde liegen. Er fragt nach den Bedingungen der Möglichkeit von Ordnung — Ordnung verstanden als eine „Geometrie" des Prozesses, die immer schon über die Summe der Einzelaktivitäten der Bestandteile des Systems hinausgeht.

Theoretische Grenzen des Versklavungsprinzips:

Die Grenzen des Versklavungsprinzips ergeben sich daraus, daß primär die Strukturierung von zuvor ungeordneten Zuständen untersucht wird. Für die Erklärung von sog. „Phasenübergängen", d. h. der Entstehung von Ordnung aus Unordnung (wie bei den Bénard-Zellen, dem Laser, dem Ferromagneten oder den Aggregatzuständen) ist das Versklavungsprinzip sicher ausreichend, da es in diesen Fällen darauf ankommt, daß sich überhaupt eine oder einige wenige Moden durchsetzen. Dieser Sachverhalt läßt sich durch das folgende, von Haken erstellte Schaubild illustrieren:

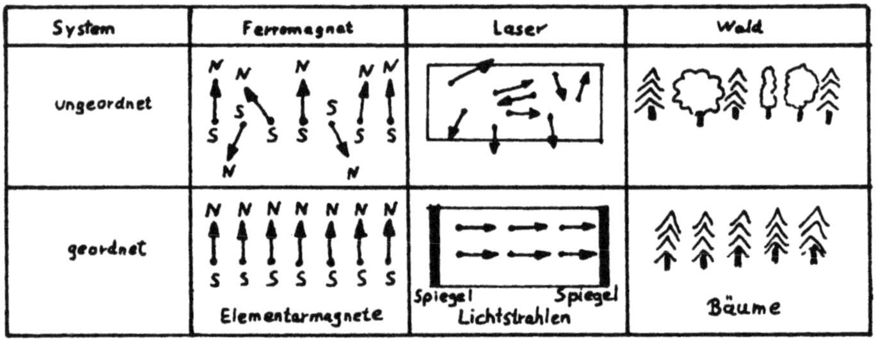

Abb. 6: Beispiele für ungeordnete und geordnete Phasen
(aus: H. Haken, R. Graham, Synergetik — die Lehre vom Zusammenwirken. Was verbindet die Physik, Chemie und Biologie?, in: Umschau in Wissenschaft und Technik, 71 (1971) 6, S. 191-195, hier: S. 192)

---

[96] Ebenda, S. 19.

Bei der Bildung des Ferromagneten ist wichtig, daß sich die Drehrichtungen der Spins (= Eigenrotation der Elektronen) gleich ausrichten. Aber gleichgültig, welche Drehrichtung den „Konkurrenzkampf" gewinnt, in jedem Fall ist ein Magnet entstanden, wenn die Richtung der Spins festliegt, diese also versklavt sind. Beim Laser müssen sich die Qantensprünge der Photonen auf einen gemeinsamen Rhythmus einigen; auch hier ist es unerheblich, welcher Rhythmus den „Ausleseprozeß" gewinnt, in jedem Fall ist ein Laser entstanden. Bei der Ablösung einer bereits bestehenden Ordnung durch eine andere ist es jedoch nicht mehr unerheblich, welche Qualität die neue Ordnung hat, denn bei Auslassung dieser Frage wäre kaum erklärlich, warum sich eine andere als die bereits bestehende gebildet hat.

Die von Haken begründete Synergetik betrachtet immer nur spezielle *Ausschnitte* aus dem Höherordnungsprozeß der Natur — und zwar diejenigen, die aus der Unordnung herausführen. Kaskaden von Bifurkationen werden kaum untersucht. Damit weicht diese Forschungsdisziplin bisher jedoch dem Problem aus, zu erklären, warum sich aus einer schon bestehenden Ordnung eine andere entwickelt.

Besonders bei gesellschaftlichen Umwälzungsprozessen, wie Revolutionen, Kriegen, technischen Innovationen, Meinungsumbildungen etc., auf die Haken sein synergetisches Modell ebenfalls anwendet,[97] kann die historische Dimension — die dynamische Aufeinanderfolge von Ordnungszuständen —jedoch nicht vernachlässigt werden. Der historische Gesamtprozeß kann hier nicht in viele einzelne, unzusammenhängende Phasenübergänge von instabilen „Krisensituationen" (= Unordnung) zu neuen Ordnungen zerlegt werden. Um eine Revolution oder einen Krieg zu begreifen, ist die Berücksichtigung zumindest der vorherigen Gesellschaftsformation wesentlich, und die Untersuchung der Ursachen für das Instabilwerden einer gegebenen nationalen oder internationalen Ordnung kann nicht übergangen werden.

Haken sucht zwar nach universellen Prinzipien der Selbstorganisation,[98] aber sein Begriff von Universalität erstreckt sich auf bloße *Analogien* zwischen den verschiedensten sich selbst organisierenden Prozessen und wird damit ahistorisch. Die Entstehung von Bénard-Zellen gehorcht demnach den gleichen Prinzipien wie die Herausbildung neuer biologischer Arten und Gattungen oder die revolutionäre Veränderung einer Gesellschaftsformation.

„Wir erkennen hier, daß die Natur offenbar immer wieder dieselben Prinzipien verwendet, um makroskopische, geordnete Bewegungen oder Muster hervorzubringen."[99]

---

[97] Ebenda, S. 133-185.

[98] H. Haken, Synergetics. Are Cooperative Phenomena Governed by Universal Principles?, in: Naturwissenschaften, 67 (1980) 3, S. 121-128.

[99] H. Haken, Erfolgsgeheimnisse der Natur. Synergetik: Die Lehre vom Zusammenwirken, a.a.O., S. 80.

Die auf verschiedenen Evolutionsstufen ablaufenden Selbstorganisationsprozesse werden zu einer Äquivalenzklasse zusammengefaßt und *eingeebnet*.
An einem Bild läßt sich der hier gemeinte Sachverhalt vielleicht am besten
verdeutlichen. Angenommen die Weltgeschichte organisiere sich selbst wie
eine Spirale zu höheren Evolutionsstufen. Die Synergetik betrachtet nun
jeweils die verschiedenen Übergänge, vergleicht diese und sucht nach Gleich-
artigkeitsrelationen, nach Eigenschaften, die sich in jedem Entstehungs-
vorgang wiederholen:

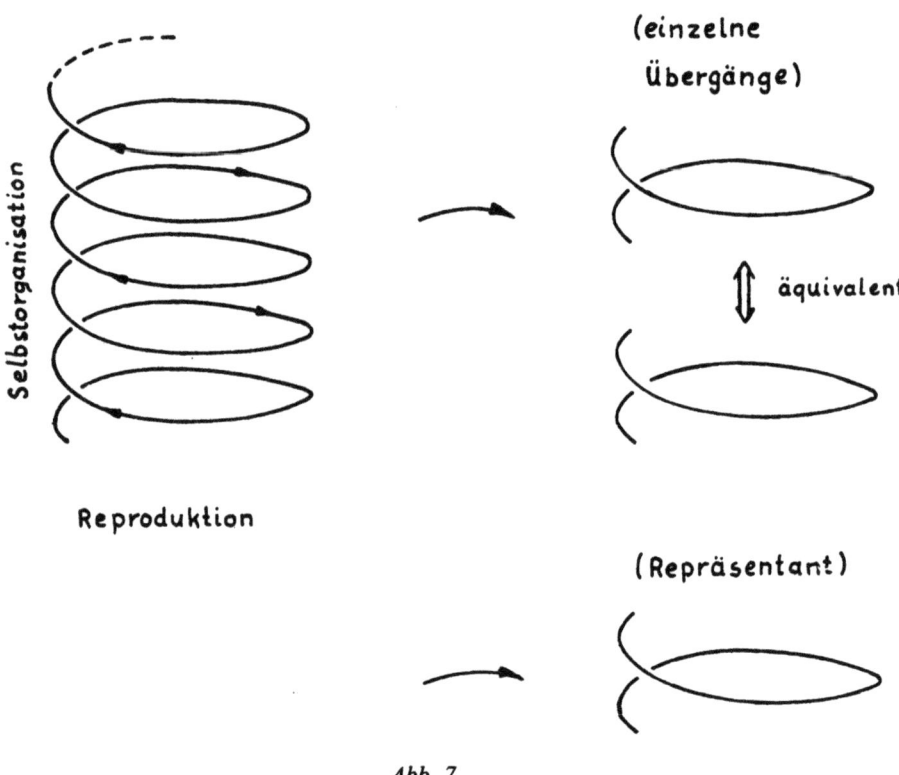

Abb. 7

Nachdem die Äquivalenzrelation aufgefunden worden ist, kann ein Selbstorganisationsprozeß, z. B. die Entstehung des Lasers als *Repräsentant* aller
anderen Selbstorganisationsprozesse dienen. Die qualitativen Unterschiede
werden als unwesentliche Begleitphänomene außer Acht gelassen. Haken
schreibt:

„Mehrfach hatten wir in unserem Buch von derartigen drastischen Umwälzungen bei physikalischen, chemischen oder biologischen Vorgängen gesprochen. Immer wieder treten bei diesen Vorgängen ganz besonders deutlich Analogien zutage. Dies läßt uns erwarten, daß Revolutionen im politischen oder soziologischen Bereich durch die Methoden der Synergetik erfaßt werden können. Revolutionen erscheinen in diesem Sinn wie Phasenübergänge, etwa vom unmagnetischen zum magnetischen Zustand eines Eisenmagneten oder vom ungeordneten Licht einer Lampe zum geordneten Laserlicht."[100]

Abgesehen davon, daß bei einer solch extensiven Identifizierung verschiedenartiger Ebenen die historische Dimension des universellen Höherordnungsprozesses verlorengeht und der Erklärungswert einer Theorie vermindert wird, ist zudem zu beachten, daß diese Methode zu schwerwiegenden Fehleinschätzungen führen kann. Wenn z. B. die französische und russische Revolution, die Errichtung der Nazi-Diktatur und die Wiederbegründung der BRD, Befreiungskriege und imperialistische Kriege einfach in eine Klasse zusammengefaßt werden, ohne die spezifischen Differenzen zu berücksichtigen, werden gerade die *wesentlichen,* spezifischen Gesetzmäßigkeiten dieser Vorgänge übersehen.

Haken selbst sieht die Grenzen der Analogiebildung:

„Allerdings müssen wir uns hüten, voreilig zu enge Parallelen zu ziehen, etwa in der Interpretation, was Ordnungszustände im soziologischen Bereich bedeuten. Sehr schnell würden wir berechtigten Widerspruch hervorrufen."[101]

Haken fehlt der Begriff von *fortschreitender* Selbstorganisierung. Von der Laserphysik kommend beschäftigt ihn primär die Entstehung von Ordnung aus Unordnung, nicht jedoch der Übergang von einer Ordnung zu einer höherstrukturierten Ordnung. Daher existieren bislang in der Synergetik noch keine ausreichenden Bewertungsmaßstäbe für die Unterscheidung höher- und niederstrukturierter Ordnungszustände.

Schellings heuristischer Lösungsansatz:

Schelling hatte zwar auch eine Vorliebe für Analogiebildungen, doch sein Begriff von Universalität ist ein anderer als der von Haken. Die Universalie, das Allgemeine und Invariante oder wie Schelling sagt das „Unbedingte", ist seiner Auffassung nach in dem *Kontinuum* des durch alle Stufen hindurchgehenden historischen Prozesses zu suchen. Dieses Kontinuum kann nicht willkürlich zerlegt werden, ohne daß die wesentlichen Gesetzmäßigkeiten verlorengehen. Um bei dem vorhin verwendeten Bild zu bleiben: Schelling betrachtet die Spirale der Weltgeschichte als Ganzes und sucht diese zu erfassen. Die Selbstorganisation wird also nicht auf eine Ebene reduziert.

---

[100] Ebenda, S. 178.
[101] Ebenda.

Zudem wird die Naturgeschichte bei Schelling als Entwicklung zu höheren Potenzen der Realität verstanden. Seine *Potenzenlehre* könnte vielleicht dazu dienen, genauere Unterscheidungskriterien und Maßstäbe für die verschiedenen Ordnungsstufen und demgemäß auch genauere Analysen der verschiedenen Übergänge zu finden.

Schellings Selbstorganisationsidee läßt sich — in Abgrenzung von der Hakens — aufgrund seiner Kontinuumshypothese und seiner Potenzenlehre durch das Schaubild einer *sich erweiternden* Spirale illustrieren:

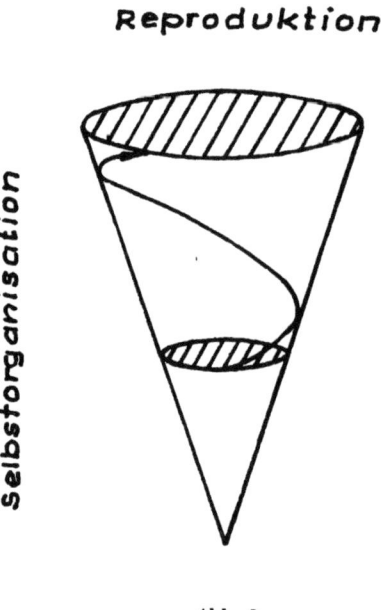

Abb. 8

d) Zusammenfassung: Ordnung ohne universellen Fortschritt

Haken geht es um die Erklärung der sich organisierenden Ordnung. Wie können regellos sich bewegende Teilchen zu einer koordinierten, kohärenten Bewegungsform gelangen? Wie kann sich etwas Umzusammenhängendes selbst zu einem sinnvoll scheinenden Ganzen zusammenfügen?

Sein Theorieansatz, den er ausgehend von der Laserphysik entwickelte und der weltanschaulich von einem Streben nach Vereinheitlichung aller natur-

und geisteswissenschaftlichen Bereiche getragen ist, beinhaltet ein Selektions- und Versklavungsprinzip. Die Bewegungsform von den vielen möglichen setzt sich am Verzweigungspunkt durch, die den „Bedürfnissen" des Systems am besten gerecht wird und daher die größten Wachstumsraten erlangt. Hat eine oder eine endliche Zahl von Moden den Konkurrenzkampf gewonnen, versklavt sie die Bestandteile des Systems durch entsprechende Ordnungsparameter, die die Bewegungsmöglichkeiten der einzelnen Subsysteme einschränken. Aus der Regellosigkeit ist durch ein koordiniertes Zusammenwirken der Teile eine Ordnung entstanden.

Da sich Haken vornehmlich auf einzelne Phasenübergänge konzentriert und durch Vergleich analoge Gesetzmäßigkeiten der verschiedenen Selbstorganisationsprozesse auffinden will, vernachlässigt er die historische Dimension dieser Porzesse, ihren Ort innerhalb eines universellen Wirkungszusammenhangs. Wenn die Selbstorganisation physikalischer, biologischer und gesellschaftlicher Prozesse im Prinzip identisch sind, fragt es sich, warum immer wieder qualitativ neue, meist höhergeordnete Sphären entstehen, warum die Natur nicht beispielsweise bei physikalischen Selbstordnungsprozessen stehengeblieben ist. Die Synergetik hat ein Erzeugungsprinzip für die Entstehung geordneter Zustände aus ungeordneten entwickelt. Die „Lücke" oder Grenze dieses theoretischen Ansatzes besteht darin, daß dieses Erzeugungsprinzip nicht selbst als kontinuierlicher durch alle Stufen hindurchgehender Prozeß gesehen wird, sondern schematisch auf die verschiedenen Sphären übertragen wird, so daß die Einheit der Welt auf bloße *Homologien* reduziert wird. Die Idee des *Fortschritts,* die in der Idee der Selbstorganisation implizit mitgedacht wird, auch von Haken, geht bei dieser Verfahrensweise schließlich verloren.

3. Natur als universelle Produktivität (F. W. J. Schelling)

a) Schellings philosophische Problemstellung

Schelling geht wie Prigogine von dem Problem aus, wie menschliche Freiheit mit Naturgesetzlichkeit zu vereinbaren ist. Die Lösung dieses Problems sieht Schelling, wie Prigogine, in der Idee einer sich selbst organisierenden Natur. Wenn das Ich die Fähigkeit besitzt, sich aus dem deterministischen Naturzusammenhang zu lösen und sich dadurch als Ich überhaupt erst zu konstituieren, dann muß die Natur diese freie Handlung ermöglichen, denn zunächst war der Mensch als bloßes Naturwesen in ungeschiedener Einheit mit der Natur[102].

---

[102] F. W. J. Schelling, Ideen zu einer Philosophie der Natur als Einleitung in das Studium dieser Wissenschaft, 1797, II 12 ff.

Die Idee der unbedingten Autonomie des Ichs hatte Schelling von Fichte aufgegriffen, der die freie Tat der Selbstsetzung zum obersten Prinzip seiner Wissenschaftslehre erhoben hatte. Auch für Schelling ist das Ich nur, insofern es sich selbst hervorbringt und realisiert.

> Es [das Ich, M. H.] ist also, weil es nur s e l b s t sich denkt, und es denkt sich nur selbst, weil es ist. Es bringt sich durch sein Denken selbst — aus absoluter Causalität — hervor."[103]

Eine mechanistische Naturkonzeption, die konsequenterweise auch das Ich als Resultat äußerer Einwirkungen ansehen müßte, kann das Wesen des Menschen nicht erfassen, welches nur in seiner Freiheit besteht. Ein Ich, welches durch andere Mächte fremdbestimmt ist, hat die Qualitäten eines Ichs verloren:

> „Wer für sich selbst nichts ist als das, was Dinge und Umstände aus ihm gemacht haben; wer ohne Gewalt über seine eigenen Vorstellungen vom Strom der Ursachen und Wirkungen ergriffen mit fortgerissen wird, wie will doch der wissen, woher er kommt, wohin er geht und wie er das geworden ist, was er ist? Weiß es denn die Woge, die im Strome daher treibt? Er hat nicht einmal das Recht, zu sagen, er sey ein Resultat der Zusammenwirkung äußerer Dinge; denn um dieß sagen zu können, muß er voraussetzen, daß er sich s e l b s t kenne, daß er also auch etwas f ü r s i c h s e l b s t sey."[104]

Schelling hielt an der aufklärerischen Idee der Autonomie der Vernunft fest. Seine Naturphilosophie kann nicht als der Versuch einer „Depotenzierung der Vernunft" und der „Etablierung der Macht der Natur" interpretiert werden.[105] Ihm ging es um eine Einheit von Natur und Mensch, die gerade nicht zu Lasten der Autonomie gehen sollte, sondern diese erst zu begründen und zu legitimieren hatte. Unter „Autonomie" will Schelling insbesondere ein praktisches, handlungsorientiertes Vermögen verstanden wissen, denn er ist der Auffassung, „daß der Mensch zum Handeln, nicht zum Speculiren geboren sey"[106]. Er will daher die deterministische Naturauffassung überwinden, um die Freiheit des Menschen als praktische Freiheit in der empirischen Objektwelt zu etablieren. Mit Bezug auf Kant schreibt er:

---

[103] F. W. J. Schelling, Vom Ich als Princip der Philosophie oder über das Unbedingte im menschlichen Wissen, 1795, I 167.
Mit der „Selbsthervorbringung" des Ichs ist natürlich nicht die Selbstzeugung des eigenen individuellen Lebens gemeint. Schelling bezieht sich mit dem Begriff „Ich" auf die selbstreflexive Potenz des Individuums, die in der Tat nicht als von äußeren Faktoren determinierte, höchstens ermöglichte Qualität gedacht werden kann.

[104] F. W. J. Schelling, Ideen zu einer Philosophie der Natur, a.a.O., II 18.

[105] Diese Interpretation von O. Marquard wird von der existentialistischen Schelling-Rezeption generell geteilt. (O. Marquard, Schelling — Zeitgenosse inkognito, in: Schelling, Einführung in seine Philosophie, hrsg. v. H. M. Baumgartner, Freiburg/München 1975, S. 9-26.).

[106] F. W. J. Schelling, Vom Ich als Prinzip der Philosophie oder über das Unbedingte im menschlichen Wissen, a.a.O., I 243.

„Nun ist zwar eine transscendentale Causalität des empirischen Ichs wohl begreiflich, wenn sie die unendliche selbst, nur unter den Bedingungen der Endlichkeit gedacht, ist; allein, da das empirische Ich selbst nur e r s c h e i n e n d e Realität hat, und unter demselben Gesetze der B e d i n g t h e i t steht, unter welchem alle Erscheinungen stehen, so tritt die neue Frage ein: wie die transscendentale (durch absolute Causalität bestimmte) Causalität des empirischen Ichs mit der Naturcausalität desselben Ichs übereinstimmen könne?"[107]

Das Ich erzeugt sich selbst aus „absoluter Causalität", d. h. es ist Ursache und Wirkung seiner selbst. Wie soll aber dieser Akt der Selbsthervorbringung *in* der Natur möglich sein, wie kann das empirische Ich als Naturwesen zu dieser Freiheit gelangen? Zunächst scheint es ihm ein „gewagtes Unternehmen" zu sein, die „Causalität durch Freiheit" in die Natur selbst zu verlegen, da diese ja nach den Erkenntnissen der Physik streng deterministischen Gesetzen unterliegt.[108]

In seiner darauffolgenden Schrift „Neue Deduktion des Naturrechts" legt Schelling dar, daß die Autonomie des Menschen nur real sein kann, wenn die physikalische Natur ebenfalls autonom ist. Da aber die Autonomie des Ichs Realität hat, denn es existiert nur durch diese Autonomie, dann ist die strenge Naturgesetzlichkeit bereits durch die autonomen, schöpferischen Handlungen des Menschen *notwendigerweise* durchbrochen:

„Soll ich in der Welt der Erscheinungen herrschen und die Natur nach moralischen Gesetzen regieren, so muß die Causalität der Freiheit durch p h y s i s c h e Causalität sich o f f e n b a r e n. Nun kann sich F r e i h e i t überhaupt nur durch ursprüngliche Autonomie ankündigen. Also muß diese physische Causalität, ob sie gleich dem O b j e k t nach heteronomisch, d. h. nur durch Naturgesetze bestimmbar ist, doch ihrem Princip nach a u t o n o m i s c h, d. h. durch kein Naturgesetz erreichbar seyn. Sie muß Autonomie und Heteronomie in sich vereinigen."[109]

Im Gegensatz zu Prigogine führt Schelling nicht, zusätzlich zu den deterministischen Naturgesetzen, den Zufall ein, um einen kleinen Handlungsspielraum für Entscheidungsfreiheiten in einer sonst von universellen Gleichgewichtsgesetzen beherrschten Welt zu eröffnen. Sein theoretischer Ausgangspunkt ist die Identifikation der autonomen Handlungskompetenz des Menschen mit einer natürlichen, sich in der objektiven Erscheinungswelt manifestierenden Kraft. Schelling „substantialisiert" das Fichtesche Ich[110] und hat damit gewissermaßen einen ersten Forschungsgegenstand gefunden, der nicht dem linearen Mechanismus von Ursache und Wirkung unterworfen

---

[107] Ebenda, I 239.

[108] Ebenda, I 234.

[109] F. W. J. Schelling, Neue Deduktion des Naturrechts, 1795, I 248 f.

[110] Vgl. W. Förster, Die Entwicklungsidee in der deutschen Naturphilosophie am Ausgang des 18. und zu Beginn des 19. Jahrhunderts, in: Veränderung und Entwicklung. Studien zur vormarxistischen Dialektik, hrsg. v. C. Stiehler, a.a.O., S. 175.

ist, sondern eine „höhere" Form der Kausalität beinhaltet, in der Freiheit und Notwendigkeit vereinigt sind.[111]

Der Prozeß der Selbstkonstitution ist zudem nicht bloß eine ephemere Randerscheinung in einem ansonsten determinierten Naturverlauf, sondern enthält den „Urgrund aller Realität", denn Mechanismen können durch organisierende Prozesse erzeugt werden, während umgekehrt organisierende Prozesse nicht mechanisch entstehen können. Die Selbstorganisation muß der primäre Prozeß nicht nur des Geistes, sondern der *ganzen* Natur sein.

„Da in unserem Geiste ein unendliches Bestreben ist sich selbst zu organisiren, so muß auch in der äußern Welt eine allgemeine Tendenz zur Organisation sich offenbaren. So ist es wirklich. Das Weltsystem ist eine Art von Organisation, das sich von einem gemeinschaftlichen Centrum aus gebildet hat. Die Kräfte der chemischen Materie sind schon jenseits der Grenzen des bloß Mechanischen. Selbst rohe Materien, die sich aus einem gemeinschaftlichen Medium scheiden, schießen in regelmäßigen Figuren an."[112]

b) Evolutives Kontinuum der Höherordnung

Wie das schöpferische Subjekt durch alle Gestaltungen hindurchgeht, ohne sich in einer zu erschöpfen und zu verlieren, so ist die sich entwickelnde Natur als ein *kontinuierlicher historischer Prozeß* zu denken, der „von einem gemeinschaftlichen Centrum aus" immer komplexere Sphären und Objekte erzeugt:

„In jenem [System des Wissens, M. H.] ist absolute Continuität, es ist E i n e ununterbrochene Reihe, die vom Einfachsten in der Natur an bis zum Höchsten und Zusammengesetztesten, dem Kunstwerk, herauf geht."[113]

Dieses Kontinuum fortschreitender Entwicklung zerfällt nicht in einzelne Selbstorganisationsprozesse wie bei Prigogine und Haken, wird jedoch auch nicht von den einzelnen Stufen losgelöst betrachtet. An einem Schaubild läßt sich die von Schelling vorgestellte Evolution des Universums, welches „sich vom Centrum gegen die Peripherie bildet"[114], verdeutlichen:

---

[111] F. W. J. Schelling, Philosophische Briefe über Dogmatismus und Kriticismus, 1795, I 330 f.

[112] F. W. J. Schelling, Abhandlungen zur Erläuterung des Idealismus der Wissenschaftslehre, 1796/97, I 386.

[113] F. W. J. Schelling, Ueber den wahren Begriff der Naturphilosophie und die richtige Art ihre Probleme aufzulösen, 1801, IV 89.

[114] F. W. J. Schelling, Einleitung zu dem Entwurf eines Systems der Naturphilosophie oder über den Begriff der speculativen Physik und die innere Organisation eines Systems dieser Wissenschaft, a.a.O., III 312.

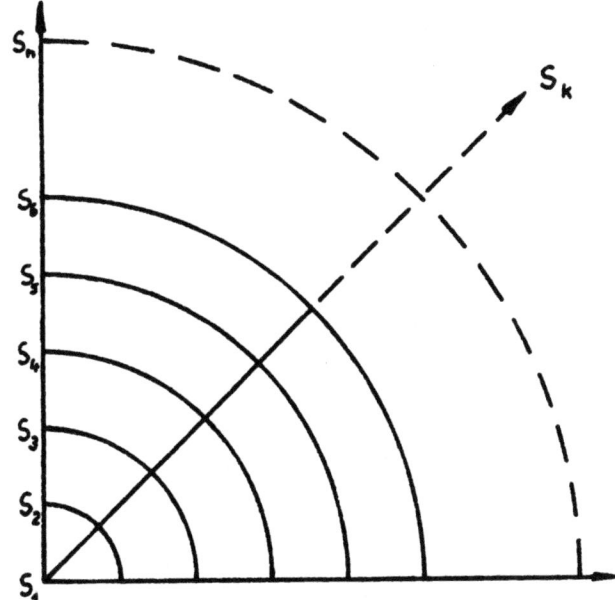

Abb. 9: Schellings Modell der Evolution des Universums durch kontinuierliche Selbstorganisation S[115]

S_1 = Selbstkonstitution der Materie

S_2 = Bildung anorganischer „Gestaltungen" (Wirbel, Steine, Metalle)

S_3 = Ursprung des Lebens

S_4 = Entstehung neuer Arten und Gattungen („vom Polypen zum Menschen")

S_5 = Ursprung des Bewußtseins

S_6 = Entstehung neuer Werke des Menschen (Kunstwerke, technische Erfindungen, Staaten)

---

[115] Dieses Schema der Evolution des Universums ist nicht vollständig. Schelling hat die Darstellung der „Potenzierungen" der Natur in immer neuen Anläufen zu verbessern gesucht und dabei mannigfache Änderungen vorgenommen. Manches für uns heute Interessante wurde von Schelling nur angerissen, wie die Bildung einzelner anorganischer Gestaltungen oder auch technische Erfindungen. Man vergleiche zur Selbstkonstitution der Materie: F. W. J. Schelling, Allgemeine Deduktion des dynamischen Processes oder der Kategorien der Physik, 1800, IV 1-103; zur Entstehung anorganischer Gestaltungen: ders., Einleitung zu dem Entwurf eines Systems der Naturphilosophie, a.a.O., III 289 u., 291, Anm. 1; sowie ders., Ueber das Verhältniß des Realen und Idealen in der Natur oder die Entwicklung der ersten Grundsätze der Naturphilosophie an den Principien der Schwere und des Lichts, 1806, II 378; zum Ursprung des Lebens: ders., Von der Weltseele, eine Hypothese der höheren Physik zur Erklärung des allgemeinen Organismus, 1798, II 491-569; zur Entwicklung neuer Arten und Gattungen: ders., Erster Entwurf eines Systems der Naturphilosophie, a.a.O., III 42 ff.; zum Ursprung des Bewußtseins: ders., Ideen zu einer Philosophie der Natur als Einleitung in das Studium dieser Wissenschaft, 1797, II 12 ff.; zur Entstehung neuer Werke des Menschen: ders., Ueber das Verhältniß der bildenden Künste zu der Natur, 1809, IV 183-212; zur Erfindung einer Maschine: Einleitung zu dem Entwurf eines Systems der Naturphilosophie, a.a.O., III 275 f.

Einen Gesamtentwurf versuchte Schelling mit seinem: System der gesammten Philosophie und der Naturphilosophie insbesondere, VI 131-576.

Die Natur hat aus sich selbst heraus neue Evolutionsstufen organisiert, die jeweils auseinander hervorgehen, ohne durch die vorherige Stufe determiniert zu sein. Nur innerhalb einer jeden Stufe folgt die Natur deterministischen Gesetzen.

„Jede Stufe der Entwicklung hat also einen eigenthümlichen Charakter. A u f j e d e r S t u f e d e r E n t w i c k l u n g i s t d i e b i l d e n d e N a t u r a u f e i n e b e s t i m m t e — e i n z i g m ö g l i c h e — G e s t a l t e i n g e s c h r ä n k t, in Ansehung dieser Gestalt ist sie völlig gebunden, in der Produktion dieser Gestalt wird sie gar keine Freiheit zeigen."[116]

Ist durch Selbstorganisation eine bestimmte Entwicklungsstufe entstanden, dann folgt die Natur auf dieser Stufe einer strengen Notwendigkeit; die „eigenthümlichen" Interaktionsformen und Bewegungen folgen nun Gesetzen, die in herkömmlicher Weise durch die Physik erfaßbar sind.

Bezogen auf die von Prigogine und Haken untersuchten Bénardschen Konvektionszellen bedeutet dieser Sachverhalt, daß zwar die erste Entstehung der Wabenzellen nichtdeterministisch erfolgt, daß aber, wenn die Zellen erst einmal entstanden sind, die permanente Reproduktion „keine Freiheit" mehr zeigt. Die mikro- und makroskopischen Bewegungen der Flüssigkeit sind nun durch eine bestimmte Bewegungsform, bzw. Mode, eindeutig festgelegt und versklavt; auf dieser Ebene gelten nun wieder Gesetze im klassischen Sinne eines Naturgesetzes. Die Deterministik ergibt sich durch das neue Gleichgewicht, welches durch die Prozeßstruktur erreicht wurde.

Die Fixierung der Entwicklung auf eine Entwicklungsstufe ist nicht gleichbedeutend damit, daß die Natur auf dieser Stufe gleichsam erstarrt. Bei dynamischen Systemen ist sie vielmehr weiterhin tätig, aber nur noch in der Form bloßer *Reproduktionen.* Schelling schreibt:

„Das Produkt ist auf einer bestimmten Entwicklungsstufe gehemmt, heißt nicht soviel, als, es hört schlechthin auf thätig zu seyn, sondern: es ist in Ansehung seiner Produktionen beschränkt, es kann ins Unendliche nichts reproduciren als s i c h s e l b s t."[117]

Soll die Natur wieder produktiv im Sinne der Selbstorganisation werden, so muß das „dynamische Gleichgewicht"[118] bloßer Reproduktionen aufgebrochen werden (wir würden heute sagen, das System muß „instabil" werden), um neuartige Organisationen hervorzubringen.

---

[116] F. W. J. Schelling, Erster Entwurf eines Systems der Naturphilosophie, a.a.O., III 43.

[117] Ebenda III 59.

[118] Schelling entwickelt den Begriff des dynamischen Gleichgewichts u.a. in: Von der Weltseele, eine Hypothese der höheren Physik zur Erklärung des allgemeinen Organismus, 1798, II 511 f.

Schelling hatte bereits ein modern anmutendes Verständnis von dem begrenzten Gültigkeitsbereich deterministischer, aber auch zyklischer (bzw. kybernetischer) Gesetzmäßigkeiten. Im Gegensatz zu Prigogine und Haken geht Schelling aber nicht von der Kausalitätsform der einzelnen Stufen der Entwicklung aus, also vom „Sein", um von dort aus zum „Werden" zu gelangen. Er versteht die Selbstorganisation der Natur vielmehr als *primäre* ontologische Realität: „das Seyn selbst = Thätigkeit"[119]. Das Werden ist für Schelling die universelle „Substanz" der Natur, und das einzelne Sein ist nur eine spezifische Modifikation des sich durch alle Stufen hindurchziehenden Produktionsprozesses.

„Der Zustand der G e s t a l t u n g also (ist) der ursprünglichste, in dem die Natur erblickt wird."[120]

Man könnte versucht sein, Schellings Naturphilosophie als eine neuplatonische Version der Emanationslehre zu interpretieren. Die Selbstorganisation oder die Schellingsche „absolute Produktivität" der Natur könnte auf das Plotinische „Hen" abgebildet werden, welches als das Erste, Eine und Ursprünglichste nicht weiter bestimmbar ist, ewig sich selbst gleichbleibt und die einzelnen Gestalten aus sich emaniert. Obwohl Schelling ebenfalls ein transinvariantes Erzeugungsprinzip der Natur annimmt, welches auf keine Evolutionsstufe fixierbar ist, lehnt er die Idee einer Emanation ausdrücklich ab:

„Wie man auch die Art der Folge der Wesen aus Gott sich denken möge, nie kann sie eine mechanische sein, kein bloßes Bewirken oder Hinstellen, wobei das Bewirkte nichts für sich selbst ist; ebensowenig *Emanation,* wobei das Ausfließende dasselbe bliebe mit dem, wovon es ausgeflossen, also nichts Eigenes, Selbständiges. [Hervorhebung, M. H.]"[121]

Die Gestaltung der Natur geschieht durch immer wieder neu ansetzende autonome *Selbst*organisierung. Es ist nach Schelling nicht so, daß die einzelnen Stufen der Entwicklung von einem „höheren" Prinzip emanieren würden, so als würden sie bloß heteronome Produkte eines höherstehenden Erzeugungsprozesses sein. Die Bildung einer neuen Sphäre, z. B. der Biosphäre durch die erste Entstehung des Lebens, geschieht nicht als *Folge* eines Selbstorganisierungsprozesses, sondern ist dieser Prozeß selbst; und die Sphäre als fertiges Produkt ist nicht das bloße Ergebnis einer von ihr getrennt gedachten Produktion, sondern diese „freie Handlung" selbst in materialisierter, verdinglichter Form, oder wie Schelling sagt: „erloschenes Leben". Die Individualisierung, welche Schelling als das Wesen der Selbstorganisa-

---

[119] F. W. J. Schelling, Erster Entwurf eines Systems der Naturphilosophie, a.a.O., III 13.
[120] Ebenda, III 6.
[121] F. W. J. Schelling, Philosophische Untersuchungen über das Wesen der menschlichen Freiheit und die damit zusammenhängenden Gegenstände, 1809, VII 346 f.

tion faßt, geschieht jeweils durch autonome Handlungen, welche den Existenzgrund, das Wesen eines Individuums ausmachen und eine Abgrenzung von der Umwelt ermöglichen. In Anlehnung an Leibniz schreibt Schelling:

> „Denn jede ursprüngliche Aktion ist für uns ebenso, wie der Atom für den Corpuscularphilosophen, wahrhaft i n d i v i d u e l l; jede ist in sich selbst ganz und beschlossen, und stellt gleichsam eine N a t u r m o n a d e vor."[122]

Schelling bezeichnet daher seine Theorie auch als „dynamische Atomistik"[123]. In Abgrenzung von der traditionellen Atomistik, die die Einheiten der Natur in kleinsten materiellen Teilchen ortet, und in Abgrenzung von der traditionellen dynamischen Physik, die alle Verschiedenheit der Materie auf ein unterschiedliches Verhältnis der Grundkräfte zurückführt, sind für Schelling die verschiedenen Qualitäten der Materie Ausdruck „ursprünglicher Aktionen", die nicht mehr in Grundkräfte zerlegbar sind. Diese ursprünglichen Aktionen sind wie die Leibnizschen Monaden nicht zusammengesetzt, sondern einfach (daher Atome), und sie sind nicht stofflich, sondern „reine Intensitäten" (daher dynamisch).

Diese auf den ersten Blick etwas dunkel klingenden Äußerungen Schellings erweisen sich mit Bezug auf die moderne Selbstorganisationstheorie jedoch als sehr hellsichtig. Wie bereits dargelegt (in Abschnitt 1. c) α) dieses Kapitels), geschieht die Organisierung einer qualitativ neuen Ordnung plötzlich, „spontan". Mathematisch zeigt sie sich als Singularität, als eine Einheit, die nicht weiter zerlegbar und nicht ableitbar ist. Es sind keine Grundkräfte angebbar, die z. B. die Flüssigkeitsmoleküle dazu bewegen würden, sich in einer bestimmten Weise zu ordnen, so daß Strömungszellen entstehen. Die spontane Bildung einer neuen Qualität der Materie — in unserem Beispiel sind es die Strömungsmuster — ist also „einfach" oder „atomar" im Sinne Schellings, d. h. sie ist nicht weiter analytisch zerlegbar, und sie ist „dynamisch" im Sinne Schellings, d. h. eine Aktivität, die Ursprung einer Qualität ist. Die Selbstorganisierung hat zwar als Produkt eine materielle Qualität, aber sie selbst ist nicht stofflicher Art, sondern eine bestimmte Weise des Prozedierens.

Mit seiner Theorie der dynamischen Atomistik gerät Schelling allerdings in Widerspruch zu seiner Theorie des evolutiven Kontinuums, denn entweder ist die Produktivität ein kontinuierlicher Fluß, der, wie bereits oben dargelegt wurde, „vom Einfachsten in der Natur an bis zum Höchsten und Zusammengesetztesten, dem Kunstwerk, herauf geht" oder die Produktivität ist individuell und atomar wie eine Monade. Dieser Widerspruch scheint mir das größte Problem in Schellings Naturphilosophie zu sein.

---

[122] F. W. J. Schelling, Erster Entwurf eines Systems der Naturphilosophie, a.a.O., III 22 f.

[123] Ebenda, III 22 ff.

In späteren Schriften versucht Schelling die Individualisierung und Gestaltung weitergehend zu ergründen und den Gegensatz von Kontinuum und Individuum, bzw. Ganzem und Einzelnem in einen dialektischen Zusammenhang zu bringen. In den Erlanger Vorlesungen bemüht er sich um die nähere Bestimmung des „absoluten Subjekts", d. h. des Prinzips der Selbstorganisierung, obwohl er prinzipielle Schwierigkeiten darin erblickt, das absolute Subjekt, die natura naturans, zu definieren, denn dieser primäre Prozeß läßt sich gerade nicht als Objekt in definitorische Grenzen fassen.

„Nämlich um sich in eine Gestalt einschließen zu können, muß es [das absolute Subjekt, M. H.] freilich außer aller Gestalt seyn, aber nicht dieses, das außer aller Gestalt, das unfaßlich-Seyn ist das Positive an ihm, sondern, daß es sich in eine Gestalt einschließen, daß es sich faßlich machen kann, also daß es frei ist, sich in eine Gestalt einzuschließen und nicht einzuschließen. Denn auch gleich anfangs wurde ja nicht behauptet, daß es schlechthin das Form- und Gestaltlose sey, sondern nur, daß es in keiner Gestalt bleibe, von keiner gefesselt werde."[124]

Der Selbstorganisierungsprozeß ist zwar „außer aller Gestalt", d. h. kein dinghaftes Objekt, sondern Subjekt, aber der Prozeß der *Organisierung* realisiert sich nur, wie schon im Wort anklingt, wenn tatsächlich eine Gestalt entsteht. Die entstandene Gestalt oder Stufe ist dann der Ausgangspunkt für die Entstehung neuer Stufen, wie sich an Schellings dynamischem Stufenmodell ablesen läßt. Schelling vertrat keine Emanations-, sondern eine Evolutionslehre, die sich jedoch von modernen Evolutionstheorien, die meist von Darwins mechanistischer Lehre beeinflußt sind, durch sein Individualisierungsprinzip unterscheidet.

Wie ebenfalls deutlich geworden sein sollte, handelt es sich bei Schellings Naturphilosophie auch nicht um eine „Lebensphilosophie" oder „Biosophie", wie mancherorts behauptet wurde[125]. Das Mißverständnis dieser Autoren beruht darauf, daß Schelling der Auffassung ist, daß „die Natur in ihren ursprünglichen Produkten o r g a n i s c h ist"[126]. Für Schelling war die Natur als Produkt ein großer in sich zusammenhängender, nur durch Wechselwirkung existenter Organismus, in dem jedes Teil nur durch die Tätigkeit aller anderen Teile sein kann; aber, was für die Natur als Produkt gilt, gilt

---

[124] F. W. J. Schelling, Erlanger Vorträge in den Jahren 1821-1825, aus dem handschriftlichen Nachlaß, IX 219.

[125] Siehe z. B. W. Szilasi, Schellings Beitrag zur Philosophie des Lebens, in: ders., Philosophie und Naturwissenschaft, München 1961, S. 52-75; O. Marquard, Schelling — Zeitgenosse inkognito, in: Schelling. Einführung in seine Philosophie, hrsg. v. H. M. Baumgartner, a.a.O., S. 13; A. Gode-von Aesch, Natural Science in German Romanticism, New York 1966. Daß Schelling kein Biosoph war, unterscheidet ihn wesentlich von seinen romantischen Nachläufern, „denn Metaphysik war für die Romantiker 'Biosophie' . . .", so C. Bernoulli/H. Kern (Hrsg.), Romantische Naturphilosophie, Jena 1926, S. XIX, die daher Schelling nicht zu den Romantikern rechnen, diesen vielmehr ablehnen (ebenda).

[126] F. W. J. Schelling, Erster Entwurf eines Systems der Naturphilosophie, a.a.O., III 5.

noch lange nicht für die zugrundeliegende Produktivität. Die Produktivität, die zum Ursprung der organischen Produkte führt, ist für Schelling keineswegs biologischer Natur, denn das Leben selbst ist nur ein Gewordenes, nichts Ursprüngliches. Die Frage nach dem Ursprung des Lebens führt gerade auf den Begriff der Selbstorganisation als einer Produktivität, die erst das Leben erzeugt, daher selbst nicht schon Leben sein kann.

„Das Princip des Lebens ist also nur die Ursache einer bestimmten F o r m des Seyns (der biologischen, M. H.) nicht die Ursache des Seyns selbst . . .)[127]

Die Produktivität der Natur ist eine, die sich weder in der organischen, noch in der anorganischen Sphäre erschöpft, sondern eine, die „über beiden schwebe".[128] Paradigmatisch für Schellings Begriff der Produktivität ist nicht das Leben, sondern die Kreativität des menschlichen Geistes. Er sieht in der Natur eine „der bewußten ursprünglich verwandte Produktivität" am Werke. Diese Erkenntnis ist die Basis seiner Identitätsphilosophie. Allerdings ist die Identität von Natur und Geist nicht derart mißzuverstehen, daß die Produktivität der Natur nun auch eine geistige sei. Vielmehr ist die „absolute Produktivität" eine, die weder real noch ideal ist, sondern beides in einem noch höheren Prinzip vereinigt.[129]

c) Die Polarität als Erzeugungsprinzip

Wenn die Produktivität der primäre Prozeß der Natur ist, fragt es sich, wie ein fixiertes Produkt entstehen kann. Diese Frage ist das Kernproblem für Schellings Naturphilosophie:

„Die Naturphilosophie hat nicht das Produktive der Natur zu erklären, denn wenn sie dieses nicht ursprünglich in die Natur setzt, so wird sie es nie in die Natur bringen. Zu erklären hat sie das Permanente."[130]

Das absolut Produzierende, im Unterschied zum bestimmt Produzierenden, ist ohne innere Unterschiede, reine Identität und Kontinuität. Es würde mit unendlich großer Geschwindigkeit produziert werden, wenn es in der Natur nicht auch ein *Hemmungsprinzip* gäbe. Das Hemmungsprinzip kann aber nicht zusätzlich zum Produzierenden als reine Negation hinzukommen,

---

[127] F. W. J. Schelling, Von der Weltseele, eine Hypothese der höheren Physik zur Erklärung des allgemeinen Organismus, a.a.O., II 566. Siehe auch Kap. II 2.

[128] F. W. J. Schelling, Einleitung zu dem Entwurf eines Systems der Naturphilosophie, a.a.O., III 326.

[129] F. W. J. Schelling, System der gesammten Philosophie und der Naturphilosophie insbesondere, 1804, VI, insbesondere S. 201-215.

[130] F. W. J. Schelling, Einleitung zu dem Entwurf eines Systems der Naturphilosophie, a.a.O., III 289. In dieser Schrift hat Schelling die Grundideen seiner Naturphilosophie am prägnantesten dargestellt; wir werden uns daher im folgenden auf diese konzentrieren.

da es jegliche Aktionen aufheben und das Produkt gleich null machen würde, so wie Plus und Minus einer gegebenen Größe sich gegenseitig vernichten. Schelling kritisiert in diesem Zusammenhang Kant, der ausgehend von der Mechanik Newtons alle Gestalten der Natur als Resultat von gegeneinanderwirkenden Attraktiv- und Repulsivkräften betrachtete. Er merkt an,

„daß durch die Construktion aller Materie aus den beiden Grundkräften (Attraktiv- und Repulsivkraft, M. H.) zwar verschiedene Dichtigkeitsgrade, nimmermehr aber verschiedene Qualitäten a l s Qualitäten construirt werden, denn obgleich alle dynamischen (qualitativen) Veränderungen auf ihrer tiefsten Stufe als Veränderungen der Grundkräfte erscheinen, so erblicken wir auf jener Stufe doch nur das Produkt des Processes, nicht den P r o c e ß   s e l b s t, und jene Veränderungen sind d a s   z u   E r-k l ä r e n d e, der Erklärungsgrund also muß ohne Zweifel in etwas Höherem gesucht werden."[131]

Vermöge der mechanischen Dynamik zweier dualistischer Kräfte kann in der Tat keine Bildung qualitativ neuer Gestalten erklärt werden, wie Schelling heute von der modernen Physik bestätigt werden könnte, denn die Dichtigkeitsverteilung der Materie ist nur das äußere Phänomen einer höheren Veränderung. Wenn die zwei dualistischen Kräfte der Anziehung und der Abstoßung als zwei primäre, voneinander unabhängige Grundkräfte wirken würden, könnten nur statische Strukturen, wie z. B. Kristalle, entstehen, nicht jedoch dissipative Strukturen.[132]

Das Hemmungsprinzip kann nicht als dualistisch gedachte zusätzliche Wirkkraft zum Produzierenden hinzukommen, vielmehr muß das Hemmende oder, wie Schelling auch sagt, das Begrenzende aus dem Produzierenden selbst heraus erzeugt werden. Wir könnten das Hemmungsprinzip heute vielleicht als Prinzip der inhärenten Grenzen des Wachstums einer gegebenen Mannigfaltigkeitsstufe ansehen. Die Grenzen des Wachstums oder der Produktivität sind nach Schelling keine absoluten Schranken, sondern notwendig, um mittels Grenzüberschreitung zu einer höheren Entwicklungsstufe zu gelangen:

„D i e   P r o d u k t i v i t ä t   e r s c h e i n t   a l s   P r o d u k t i v i t ä t   nur wo ihr G r e n z e n   g e s e t z t   w e r d e n."[133]

Am Beispiel der Bénard-Flüssigkeit erläutert, könnte diese Aussage Schellings so interpretiert werden, daß die Bewegungsform der Wärmeleitung, die sich bei niedrigen Werten des Temperaturgefälles einstellt, nur eine begrenzte Energiedurchflußrate „verkraften" kann. Die Grenzen des Wachstums sind hier innerhalb des Regimes der Konduktion gegeben und zeigen sich als

---

[131] Ebenda, III 296.
[132] Auf diese Konsequenz einer Überlagerung von Anziehungs- und Abstoßungskräften wies mich Manfred Eigen in einer persönlichen Mitteilung hin.
[133] Ebenda, III 298.

Instabilitätsschwelle. Die Flüssigkeit muß sich nun gewissermaßen etwas Neues einfallen lassen, sie muß eine neue makroskopische Ordnung und eine neue mikroskopische Kooperationsform schaffen, um nicht zu explodieren. Die neue Gestalt ermöglicht sprunghaft eine höhere Energiedurchflußrate, hat aber ebenfalls Grenzen, die sich zeigen, wenn der Temperaturgradient noch mehr gesteigert wird. In diesem Falle entsteht dann ein turbulentes Chaos, also eine schnelle Abfolge von Ordnungszuständen.

Schelling sieht die Ursache der Gestaltbildung in einem dialektischen Gegeneinander von Produzierendem und Hemmendem. Diese Dialektik ergibt das organisierende Prinzip.[134] Der Gegensatz von produzierendem und hemmendem Prinzip ist der erste dialektische Gegensatz der Natur, ohne welche kein Produkt zustande käme.

„Die Bedingung aller Gestaltung ist Dualität."[135]

Schelling dehnt das Prinzip der Dualität auf jeden Naturprozeß aus, schränkt es also nicht auf Selbstorganisationsprozesse ein. Paradigmatisch für die konstruktive Rolle der Polarität waren für Schelling die magnetischen und elektrischen Phänomene, die zu seiner Zeit viel untersucht und diskutiert wurden. Seine Gedanken zu diesem Thema sind nicht überholt. Wenn unser heutiges Wissen miteingebracht wird, erlangen sie sogar eine aktuelle Brisanz.

Den modernen Kenntnissen der Physik entsprechend kann in der Natur nur etwas geschehen, wenn Gradienten, Unterschiede existieren, die die Natur bestrebt ist, auszugleichen. Diese Gradienten können als Polaritäten aufgefaßt werden ganz im Sinne Schellings, der den polaren Gegensatz nicht als absoluten Gegensatz, sondern als relativen, aufeinanderbezogenen Unterschied begriff.

„Weder positive noch negative Principien sind etwas a n s i c h oder a b s o l u t = W i r k l i c h e s . Daß sie positiv oder negativ heißen, ist Beweis, daß sie nur in einem b e s t i m m t e n W e c h s e l v e r h ä l t n i ß existieren."[136]

---

[134] Vgl. auch die Einschätzung K. Zöcklers: „Die Polarität im weitesten Sinne gilt bei Schelling als das eigentliche Entwicklungs- oder Produktionsprinzip der Natur, als deren innerste Wirkungsart, als die ‚Weltseele' selbst." (K. Zöckler, Der Entwicklungsgedanke in Schellings Naturphilosophie, Diss. Berlin 1915, S. 273). Siehe auch W. Hartkopf, Die Dialektik in Schellings Frühschriften, in: Zeitschrift für philosophische Forschung, 23 (1969), S. 3-23; sowie H. Holz, Die Struktur der Dialektik in den Frühschriften von Fichte und Schelling, in: Materialien zu Schellings philosophischen Anfängen, hrsg. v. M. Frank u. G. Kurz, Frankfurt a. M. 1975, S. 215-236; und P. Kondylis, Die Entstehung der Dialektik. Eine Analyse der geistigen Entwicklung von Hölderlin, Schelling und Hegel bis 1802, Stuttgart 1979, S. 558-711.

[135] F. W. J. Schelling, Einleitung zu dem Entwurf eines Systems der Naturphilosophie, a.a.O., III 299.

[136] Vgl. F. W. J. Schelling, Von der Weltseele, eine Hypothese der höheren Physik zur Erklärung des allgemeinen Organismus, a.a.O., II 432.

Als Beispiele wären zu nennen: die Polaritäten warm/kalt, negativer/positiver Elektrizitätspol und hohe/niedrige chemische Konzentrationswerte. Das Temperaturgefälle zwischen warmen und kalten Regionen kann zu sehr differenzierten Naturprozessen führen, wie wir am Beispiel der Bénard-Zellen wiederholt erörtert haben. Der Gradient zwischen negativem und positivem Elektrizitätspol führt dazu, daß ein elektrischer Strom entsteht, der die überschüssigen Elektronen des negativen Pols zum weniger bestückten positiven Pol transportiert und somit das polare Gefälle ausgleicht, bis ein Gleichgewicht erreicht ist, womit der elektrische Strom aufhört. Beim chemischen Prozeß ist es ähnlich: existiert ein Konzentrationsgradient, so läuft der chemische Prozeß ab, bis der Unterschied weitgehend ausgeglichen ist und der chemische Prozeß im Gleichgewichtszustand zum Erliegen kommt und eine neue chemische Qualität entstanden ist.

„D e n n in jedem chemischen Processe e n t s t e h e n Qualitäten, die vorher nicht da waren, und die ihren Ursprung bloß dem Bestreben entgegengesetzter Kräfte sich ins Gleichgewicht zu setzen verdanken."[137]

Prozesse, insbesondere Gestaltbildungsprozesse, sind abhängig von Gradienten oder wie Schelling sagt von Gegensätzen, bzw. Polaritäten oder Dualitäten, die die Natur bestrebt ist, auszugleichen:

„Die Natur ist eine Thätigkeit, die beständig nach Identität s t r e b t, also eine Thätigkeit, die, um als solche fortzudauern, den Gegensatz beständig voraussetzt."[138]

Wie kommt es trotz des Stebens nach Ausgleich in der Natur immer wieder zur Erzeugung neuer Gegensätze und Unterschiede und damit zu Differenzierungen der Materie, ohne die eine Höherordnung nicht denkbar ist?

„Daß aber der Gegensatz fortdaure, ist nur dadurch denkbar, daß er u n e n d l i c h ist — daß die äußersten Grenzen ins Unendliche auseinandergehalten werden, s o d a ß i m m e r n u r v e r m i t t e l n d e G l i e d e r d e r S y n t h e s i s, n i e d i e l e t z t e u n d a b s o l u t e S y n t h e s i s s e l b s t p r o d u c i r t w e r d e n k a n n, wobei es nie zum absoluten, sondern immer nur zu r e l a t i v e n I n d i f f e r e n z-p u n k t e n kommt, und jede entstandene Indifferenz einen neuen, noch unaufgehobenen Gegensatz übrig läßt, dieser wieder in Indifferenz übergeht, welche abermals den Gegensatz nur z u m T h e i l aufhebt."[139]

Schelling gibt hier einen ersten Erklärungsversuch für das Problem der Differenzierung; in seinen folgenden Schriften setzt er an diesem Problem

[137] Ebenda, II 433.

[138] F. W. J. Schelling, Einleitung zu dem Entwurf eines Systems der Naturphilosophie oder über den Begriff der speculativen Physik und die innere Organisation eines Systems dieser Wissenschaft, a.a.O., III 309, Anmerkung 2. Schellings detaillierte Ausführungen zu diesem Sachverhalt finden sich sowohl in „Von der Weltseele, eine Hypothese der höheren Physik zur Erklärung des allgemeinen Organismus" als auch in „Erster Entwurf eines Systems der Naturphilosophie".

[139] F. W. J. Schelling, Einleitung zu dem Entwurf eines Systems der Naturphilosophie, a.a.O., III 310.

erneut an und schlägt andere Lösungsmöglichkeiten vor.[140] An diesem ersten Erklärungsversuch Schellings ist zu kritisieren, daß er das Reservoir an Gegensätzen und damit das Tätigkeitspotential der Natur als fest vorgegebene Größe annimmt, die durch die „unendlich auseinander gehaltenen" Pole des „ursprünglichen Gegensatzes" erzeugt wurde. Schelling bezieht also nicht die Möglichkeit ein, daß Gradienten sich selbst organisieren, indem andere Gradienten ausgeglichen werden. Die permanente Entstehung von Unterschieden und Differenzierungen und damit die Organisierung neuer Evolutionsstufen ist für Schelling hier in einem Urgegensatz angelegt, der sich nur entfaltet.

„Das Universum, das sich vom Centrum gegen die Peripherie bildet, s u c h t den Punkt, wo auch die äußersten Gegensätze der Natur sich aufheben; die Unmöglichkeit dieses Aufhebens sichert die Unendlichkeit des Universums."[141]

Schelling verläßt den andernorts eingenommenen Standpunkt, daß die Selbstorganisation der primäre Prozeß der Natur ist und fällt zurück in die Vorstellung, daß der primäre Prozeß das Streben nach Gleichgewicht (also Entropieproduktion) sei.

d) Zusammenfassung: vergebliches Streben nach Gleichgewicht

Schelling geht aus von dem „unendlichen Bestreben" des menschlichen Geistes, sich selbst zu organisieren, mithin geht er aus von der schöpferischen Produktivität des Menschen. Wenn diese real ist, d. h. in der empirischen Erscheinungswelt realisiert werden kann, dann ist die Natur nicht bloß deterministischen Naturgesetzen unterworfen, sondern besitzt ebenfalls die Fähigkeit zur Selbstorganisation.

Schelling beschäftigt sich daraufhin eingehender mit der Natur und stellt fest, daß diese tatsächlich eine Tendenz zu immer komplexeren Organisationsstufen zeigt, die als dynamische Stufenfolge eines kontinuierlichen historischen Produktionsprozesses zu denken sind.

Da Schelling vom Werden ausgeht, ist für ihn das Hauptproblem der Naturphilosophie die Erklärung des einzelnen Seins. Ein Produkt entsteht seiner Auffassung nach durch ein dialektisches Wechselspiel von Produktivitäts- und Hemmungsprinzip. Die Frage stellt sich, warum die Natur nicht bei einem Produkt, einer Organisationsform stehenbleibt, son-

---

[140] Siehe z. B. Schellings interessante Schrift „Die Weltalter" in der Urfassung von 1811, hrsg. von M. Schröter, München 1946, die im Rahmen dieser Arbeit jedoch nicht besprochen werden kann, da die im engeren Sinne „naturphilosophische Phase" Schellings von uns thematisiert wurde.

[141] F. W. J. Schelling, Einleitung zu dem Entwurf eines Systems der Naturphilosophie, a.a.O., III 312.

dern ständig neue hervorbringt. Der Grund für die permanente Differenzierung ist in einem ursprünglichen, unendlichen Gegensatz zu suchen, den die Natur auszugleichen sucht, ohne die absolute Synthesis jemals zu erreichen. Während des Strebens nach Identität erreicht die Natur immer individuellere, durch höheren Organisationsgrad ausgezeichnete Entwicklungsstufen.

Die „freie Handlung" der autonomen Natur im Sinne von freier Energie verkehrt sich in eine Not. Etwas, das erstrebt wird, kann nicht erreicht werden. Das Ziel der Natur ist auch für Schelling, wie für Prigogine, das Gleichgewicht.

4. Abschließende Bemerkung

Obwohl Schellings Begriff der Selbstorganisation im wesentlichen mit dem modernen Verständnis übereinstimmt, da er sich auf den gleichen Gegenstandsbereich bezieht wie der moderne Selbstorganisationsbegriff, sind doch wichtige Unterschiede festzustellen.

Schelling geht von der Natur als Ganzheit aus, während sich Prigogine und Haken auf einzelne Selbstorganisationsprozesse konzentrieren. Die naturphilosophische Herangehensweise hat den Vorteil, daß sie die historische Entwicklung als evolutives Kontinuum begreift und damit den entscheidenden Schritt über die deterministischen und stochastischen Naturkonzeptionen hinausgeht. Die prinzipiellen Schwierigkeiten, die sich bei der Anwendung deterministischer oder stochastischer Verfahren sowie einer Kombination beider ergeben, deuten auf die Notwendigkeit der Überwindung dieser traditionellen Methoden der Physik.

Die Naturphilosophie Schellings kann zur Konzipierung einer Theorie der Selbstorganisation Anregungen geben, nicht jedoch die Detailforschung der Naturwissenschaftler ersetzen. Die Exaktheit der empirischen Forschung ist eine Folge ihrer Beschränkung auf spezifische Einzelobjekte, die aus dem Zusammenhang mit der übrigen Natur bewußt gelöst werden, um sie experimentell untersuchen und mathematisch fassen zu können. Die Naturphilosophie, die vom Ganzen ausgeht, kann durch die Entwicklung umfassender Ideen die Basis für neuartige Experimente legen. Diese mögliche Funktion der Naturphilosophie zeigte sich bereits, wie in Kapitel II besprochen, an der wissenschaftlichen Entwicklung des 19. Jahrhunderts, auf die Schellings Philosophie einen förderlichen Einfluß ausübte. Für die Gegenwart ist Prigogines Erkenntnisweg, wie in Abschnitt 1 a) dieses Kapitels dargelegt wurde, das beste Beispiel für eine mögliche produktive Wirkung philosophischer Reflexionen auf die Grundlagenforschung. In bezug auf die Entwicklung einer Theorie der Selbstorganisation könnte vor allem Schellings Idee als Anregung dienen, daß die Natur primär ein Produktionsprozeß ist, der durch alle einzelnen Gestalten und Objekte hindurchgeht, ohne in einer einzelnen Stufe fixierbar zu sein. In diesem Naturmodell bilden nicht mehr die Elementarteilchen die „axiomatische" Grundlage der Physik, sondern der Individualisierungs- und Höherordnungsprozeß ist der vorauszusetzende, theoretische Ausgangspunkt.

Schlußwort

Kant wollte die Idee der Selbstorganisation auf ein regulatives Prinzip der Urteilskraft eingegrenzt wissen, da er fürchtete, ein Überschreiten der empirisch gegebenen Objektwelt könne sich auf die Wissenschaften schädlich auswirken, indem „die Vernunft dichterisch zu schwärmen verleitet wird, welches zu verhüten eben ihre vorzüglichste Bestimmung ist".[1]

Kants Warnung wurde von der romantischen Naturphilosophie nicht beherzigt. Poesie wurde mit Naturwissenschaft vermengt und die exakte empirische Forschung vernachlässigt. Schelling, der zwar die experimentellen Wissenschaften hoch achtete, hat wesentlich zu dieser negativen Entwicklung beigetragen, da er die Aufgabenbereiche der Naturphilosophie und der Naturwissenschaft nicht klar genug voneinander getrennt hat.

Zudem gab sein Begriff von der „intellektuellen Anschauung" Anlaß zu irrationalistischen Tendenzen. Schelling hat dies später selbst gesehen und versuchte gegenzusteuern:

„Aber nur der Verstand ist es, der das in diesem Grunde [des Lebens, M. H.] verborgene und bloß potentialiter enthaltene herausbildet und zum Aktus erhebt. Dies kann nur durch Scheidung geschehen, also durch Wissenschaft und Dialektik, von denen wir überzeugt sind, daß sie allein es sein werden, die jenes, öfter als wir denken, da gewesene, aber immer wieder entflohene, uns allen vorschwebende und noch von keinem ganz ergriffene System festhalten und zur Erkenntnis auf ewig bringen werden. Wie wir im Leben eigentlich nur kräftigem Verstande trauen, und am meisten bei denen, die uns immer ihr Gefühl zur Schau legen, jedes wahre Zartgefühl vermissen: so kann auch, wo es sich von Wahrheit und Erkenntnis handelt, die Selbstheit, die es bloß bis zum Gefühl gebracht hat, uns kein Vertrauen abgewinnen."[2]

Die zur ganzheitlichen, vereinheitlichenden Betrachtungsweise der Natur neigenden Philosophen und Naturwissenschaftler, die sich mit Selbstorganisationsphänomenen beschäftigen, tendieren leicht dazu, das analytische Denken abzuwerten oder zu umgehen. Dies war zu Schellings Zeiten ähnlich wie heute. Eine vorzeitige Warnung scheint daher angebracht zu sein, um so mehr, als uns die negativen Folgen der romantischen Schwärmerei heute bekannt sind, die Kant nur mittels weiser Voraussicht auf die kommenden Entwicklungen Anfang des 19. Jahrhunderts ahnen konnte.

---

[1] I. Kant, Kritik der Urteilskraft, Werkausgabe, Bd. X, hrsg. v. W. Weischedel, Frankfurt a. M. 1977², S. 365, B 355.

[2] F. W. J. Schelling, Philosophische Untersuchungen über das Wesen der menschlichen Freiheit und die damit zusammenhängenden Gegenstände, 1809, VII 413 f.

Literaturverzeichnis

Primärliteratur (chronologisch)

Kant, Immanuel: Kritik der Urteilskraft, Werkausgabe, Bd. X, hrsg. v. W.Weischedel, Frankfurt a. M. 1977

Friedrich Wilhelm Joseph von Schellings sämmtliche Werke, hrsg. v. K. F. A. Schelling, 1. Abt., Bde. 1-10; 2. Abt., Bde. 1-4, Stuttgart 1856-1861
(Zur Zitierweise: Die Bände sind durchlaufend in römischen Ziffern von I - XIV durchnumeriert; die Seitenzahlen wurden in arabischen Ziffern angegeben.)

F. W. J. Schelling, Briefe und Dokumente, hrsg. v. Horst Fuhrmann, Bde. 1-3, Bonn 1962-1975

Zeitschrift für speculative Physik, hrsg. v. F. W. J. Schelling, Jena/Leipzig 1800/1801

Neue Zeitschrift für speculative Physik, hrsg. v. F. W. J. Schelling, Tübingen 1802/1803

Kritisches Journal der Philosophie, Tübingen 1802/1803, hrsg. v. Steffen Dietzsch, Leipzig 1981

Jahrbücher der Medicin als Wissenschaft, hrsg. v. A. F. Marcus und F. W. J. Schelling, Tübingen 1806/1807

Schellingiana Rariora · Philosophica Varia Inedita Vel Rariora, hrsg. v. Luigi Pareyson, Torino 1977

Haken, Hermann/*Graham,* Robert: Synergetik. Die Lehre vom Zusammenwirken. Was verbindet die Physik, Chemie u. Biologie?, in: Umschau in Wissenschaft und Technik, 71 (1971) 6, S. 191-195

Haken, Hermann (Hrsg.): Synergetics. Cooperative Phenomena in Multi-Component Systems. Proceedings of the Symposium on Synergetics, Stuttgart 1973

Haken, Hermann (Hrsg.): Cooperative Effects. Progress in Synergetics. Lectures given at a Summerschool at Erice/Sicily, May 1974, Amsterdam/Oxford/New York 1974

Haken, Hermann (Hrsg.): Synergetics. A Workshop. Proceedings of the International Workshop of Synergetics at Schloss Elmau, Bavaria, May 2-7, 1977, Berlin/New York/Heidelberg 1977

Haken, Hermann (Hrsg.): Pattern Formation by Dynamic Systems and Pattern Recognition. Proceedings of International Symposium on Synergetics at Schloß Elmau, Bavaria, April 30 - May 5, 1979, Berlin/Heidelberg/New York 1979

Haken, Hermann (Hrsg.): Dynamics of Synergetic Systems. Proceedings of the International Symposium on Synergetics, Bielefeld, September 24-29, 1979, Berlin/Heidelberg/New York 1980

Haken. Hermann: Synergetics. Are Cooperative Phenomena Governed by Universal Principle?, in: Naturwissenschaften, 67 (1980) 3, S. 121-128

Haken, Hermann: Synergetik: Nichtgleichgewichte, Phasenübergänge und Selbstorganisation, in: Naturwissenschaften 68 (1981) 6, S. 293-299

Haken, Hermann: Erfolgsgeheimnisse der Natur. Synergetik: Die Lehre vom Zusammenwirken, Stuttgart 1981

Haken, Hermann (Hrsg.): Evolution of Order and Chaos in Physics, Chemistry, and Biology, Proceedings of the International Symposium on Synergetics at Schloß Elmau April 26 - May 1, 1982, Berlin/Heidelberg/New York 1982

Haken, Hermann (Hrsg.): Complex Systems - Operational Approaches in Neurobiology, Physics, and Computers. Proceedings of the International Symposium on Synergetics at Schloß Elmau, May 6-11, 1985, Berlin/Heidelberg/New York/Tokyo 1985

Prigogine, Ilya: Étude Thermodynamique des Phénomènes Irréversibles, Liège 1947

Glansdorff, Paul/*Prigogine,* Ilya: Thermodynamic Theory of Structure, Stability and Fluctuation, London 1971

Prigogine, Ilya/*Nicolis,* Grégoire/*Babloyantz,* Agnès: Thermodynamics of Evolution, in: Physics Today, 25 (1972), S. 23-28 und S. 38-44

Prigogine, Ilya: Order through Fluctuation: Self-Organization and Social System, in: Erich Jantsch, Conrad H. Waddington, Evolution and Consciousness: Human Systems in Transition, London/Amsterdam 1976

Nicolis, Grégoire/*Prigogine,* Ilya: Self-Organization in Nonequilibrium Systems. From Dissipative Structures to Order through Fluctuations, New York/London/Sydney/Toronto 1977

Prigogine, Ilya: Vom Sein zum Werden. Zeit und Komplexität in den Naturwissenschaften, München 1979

Prigogine, Ilya/*Stengers,* Isabelle: Dialog mit der Natur. Neue Wege naturwissenschaftlichen Denkens, München/Zürich 1981

Literatur zu Schelling (alphabetisch)

Adams, Margarete: Die intellektuelle Anschauung bei Schelling in ihrem Verhältnis zur Methode der Intuition bei Bergson, Diss. Patschkan 1926

Ballauf, Theodor: Die Wissenschaft vom Leben. Eine Geschichte der Biologie. Bd. 1: Vom Altertum bis zur Romantik, Freiburg 1954, zu Schelling S. 323-391

Baumgartner, Hans Michael (Hrsg.): Schelling. Einführung in seine Philosophie, Freiburg/München 1975

Beierwaltes, Werner: Platonismus und Idealismus, Frankfurt a. M. 1972, S. 67-82 u. S. 203-209 zu Schelling

Berg, Hermann/*Germann,* Dietrich: Ritter und Schelling - Empirie oder Spekulation, in: Die Philosophie des jungen Schelling. Beiträge zur Schelling-Rezeption in der DDR, (= Collegium philosophicum Jenense, Heft 1), hrsg. v. Erhard Lange, Weimar 1977, S. 83-113

Bernoulli, Christoph/*Kern*, Hans (Hrsg.): Romantische Naturphilosophie, Jena 1926

Biedermann, Georg/*Lange*, Erhard: Die Naturphilosophie Friedrich Wilhelm Joseph Schellings, in: Deutsche Zeitschrift für Philosophie, Berlin, 23 (1975) 2, S. 277-286

Biedermann, Georg/*Lindner*, F.: Schelling-Konferenz in Jena, Deutsche Zeitschrift für Philosophie, Berlin 23 (1975) 8, S. 1072-1075

Bloch, Ernst: Die Lehren von der Materie, Frankfurt a. M. 1978

Bracken, Joseph A.: Freiheit und Kausalität bei Schelling, München/Freiburg 1972

Brenner, Anton: Schellings Verhältnis zu Leibniz. Ein Beitrag zur Geschichte des Wiedererwachens der echten Leibnizschen Philosophie (nach der Herrschaft der Wolffschen Schule) und zur Entwicklung der Schellingschen Philosophie, Diss. Augsburg 1937

Choudhury, Jaganath Das: Das Unendlichkeitsproblem in Schellings Philosophie, Diss. Berlin 1926

Closs, Otto: Kepler und Newton und das Problem der Gravitation in der Kantischen, Schellingschen und Hegelschen Naturphilosophie, Heidelberg 1908

Coleman, William: Biology in the Nineteenth Century: Problems of Form, Function and Transformation, Cambridge/New York/Melbourne 1977^2 (1. Aufl. 1971)

Dempt, Alois/*Wenzl*, Alois: Schelling. Zwei Reden, gehalten bei der Schelling-Feier der Bayerischen Akademie der Wissenschaften am 6. November 1954, München 1955

Diepgen, Paul: Deutsche Medizin vor hundert Jahren. Ein Beitrag zur Geschichte der Romantik. Rede gehalten bei der Jahresfeier der Freiburger Wissenschaftlichen Gesellschaft am 28. Okt. 1922, Freiburg i.B./Leipzig 1923

Dietzsch, Steffen: Friedrich Joseph Schelling, Köln 1978

Dietzsch, Steffen (Hrsg.): Natur-Kunst-Mythos. Beiträge zur Philosophie F. W. J. Schellings, Berlin 1978

Dietzsch, Steffen: Naturphilosophie als Handlungstheorie? Geschichtsphilosophische Bemerkungen zur frühen Naturphilosophie Schellings, in: Deutsche Zeitschrift für Philosophie, Berlin, 23 (1975) 11, S. 1467-1476

Dietzsch, Steffen: Zeit und Geschichte. Untersuchungen zur Identitätsphilosophie F. W. J. Schellings, Phil. Diss. Leipzig 1973

Durner, Manfred: Wissen und Geschichte bei Schelling. Eine Interpretation der ersten Erlanger Vorlesung, München 1979

Engelhardt, Dietrich von: Historisches Bewußtsein in der Naturwissenschaft von der Aufklärung bis zum Positivismus, Freiburg/München 1979

Engels, Friedrich: Schelling und die Offenbarung. Kritik des neuesten Reaktionsversuches gegen die freie Philosophie, Leipzig 1842

Eschenburg, Georg: Die Potenzenlehre Schellings, in: Ständisches Leben. Blätter für organische Gesellschafts- und Wirtschaftslehre, 6 (1936), 1. Teil: S. 29-62, 2. Teil: S. 81-115

Fischer, Kuno: Geschichte der neuen Philosophie, 7. Bd., Schellings Leben, Werke und Lehre, Heidelberg 1923

Förster, Wolfgang: Die Entwicklungsidee der deutschen Naturphilosophie am Ausgang des 18. und zu Beginn des 19. Jahrhunderts, in: Veränderung und Entwicklung. Studien zur vormarxistischen Dialektik, hrsg. v. C. Stiehler, Berlin 1974, S. 171-210

Förster, Wolfgang: Die Philosophie Schellings in ihren entgegengesetzten Rezeptionslinien, in: Deutsche Zeitschrift für Philosophie, Berlin, 23 (1975) 2, S. 287-305

Förster, Wolfgang: Zur Naturphilosophie Schellings, in: Naturphilosophie — von der Spekulation zur Wissenschaft, hrsg. v. Herbert Hörz, Rolf Zäther, Siegfried Wollgast, Berlin 1969, S. 187-198

Frank, Manfred: Der unendliche Mangel an Sein. Schellings Hegelkritik und die Anfänge der Marxschen Dialektik, Frankfurt a. M. 1975

Funk, Philipp: Von der Aufklärung zur Romantik. Studium zur Vorgeschichte der Münchener Romantik, München 1925

Gent, Werner: Die Kategorien des Raumes und der Zeit bei F. W. J. Schelling, in: Zeitschrift für philosophische Forschung, 8 (1954), S. 353-377

Görland, Ingtraud: Die Entwicklung der Frühphilosophie Schellings in der Auseinandersetzung mit Fichte, (= Philosophische Abhandlungen, Bd. 44), Frankfurt a. M. 1973

Gregory, Frederick: Die Kritik von J. F. Fries an Schellings Naturphilosophie, in: Sudhoffs Archiv 67 (1983), S. 145-157

Habermas, Jürgen: Das Absolute und die Geschichte. Von der Zwiespältigkeit in Schellings Denken, Diss. Bonn 1954

Hartkopf, Werner: Die Dialektik in Schellings Frühschriften, in: Zeitschrift für philosophische Forschung, 23 (1969), S. 3-23

Hartkopf, Werner: Schellings Naturphilosophie, in: Philosophia Naturalis. Archiv für Naturphilosophie und die philosophischen Grenzgebiete der exakten Wissenschaften und Wissenschaftsgeschichte, 17 (1979), S. 349-372

Hasler, Ludwig (Hrsg.): Schelling. Seine Bedeutung für eine Philosophie der Natur und der Geschichte. Referate und Kolloquien der Internationalen Schelling-Tagung Zürich 1979, Stuttgart 1981

Hasse, Karl Paul: Von Plotin zu Goethe. Die Entwicklung des neuplatonischen Einheitsgedankens zur Weltanschauung der Neuzeit, Jena 1912[2]

Heckmann, Reinhard/*Krings,* Hermann/*Meyer,* Rudolf W. (Hrsg.): Natur und Subjektivität. Zur Auseinandersetzung mit der Naturphilosophie des jungen Schelling. Referate, Voten und Protokolle der II. Internationalen Schelling-Tagung Zürich 1983, Stuttgart 1985

Herbart, Johann Friedrich: Spinoza und Schelling; eine Skizze (1796), in: Joh. Friedr. Herbart's Sämmtliche Werke, hrsg. v. Karl Kehrbach, 1. Bd., Langensalza 1887, S. 9-11

Herbart, Johann Friedrich: Ueber Schelling's Schrift: Vom Ich oder dem Unbedingten im menschlichen Wissen, (1796), in: Joh. Friedr. Herbart's Sämmtliche Werke, hrsg. v. Karl Kehrbach, 1. Bd., Langensalza 1887, S. 17-33

Herbart, Johann Friedrich: Über die Unangreifbarkeit der Schellingschen Lehre, Königsberg 1813, in: Joh. Friedr. Herbart's Sämmtliche Werke, hrsg. v. Karl Kehrbach, 3. Bd., Langensalza 1888, S. 247-258

Herbart, Johann Friedrich: Versuch einer Beurtheilung von Schelling's Schrift: Über die Möglichkeit einer Form der Philosophie überhaupt (1796), in: Joh. Friedr. Herbart's Sämmtliche Werke, hrsg. v. Karl Kehrbach, 1. Bd., Langensalza 1887, S. 12-16

Hermann, Armin: Schelling und die Naturwissenschaften, in: Technikgeschichte, Düsseldorf, 44 (1977) 1, S. 47-53

Holz, Harald: Perspektive Natur, in: Schelling. Einführung in seine Philosophie, hrsg. v. Hans Michael Baumgartner, Freiburg/München 1975, S. 58-74

Holz, Harald: Die Struktur der Dialektik in den Frühschriften von Fichte und Schelling, in: Materialien zu Schellings philosophischen Anfängen, hrsg. v. Manfred Frank und Gerhard Kurz, Frankfurt a. M. 1975, S. 215-236

Ihmels, Carl: Die Entstehung der organischen Natur nach Schelling, Darwin und Wundt. Eine Untersuchung über den Entwicklungsgedanken, Diss. Erlangen 1916

Jacobs, Wilhelm G.: System und Geschichte. Neueste Forschungsergebnisse zu Schellings frühester Entwicklung, in: Ist systematische Philosophie noch möglich? Stuttgarter Hegel-Kongreß 1975, hrsg. v. Dieter Henrich (= Hegel-Studien, Beiheft 17), Bonn 1977, S. 165-170

Jäckle, Erwin: Goethes Morphologie und Schellings Weltseele, in: Deutsche Vierteljahresschrift für Literaturwissenschaft und Geistesgeschichte, Halle, 15 (1937) 15, S. 295-330

Jäger, Georg: Das Verhältnis Bergsons zu Schelling. Ein Beitrag zur Erörterung der Prinzipien einer organistischen Weltauffassung, Hamburg 1917

Jähnig, Dieter: Natur und Geschichte bei Schelling, in: Walter Robert Corti. Worte der Freundschaft und Dankbarkeit zu seinem 60. Geburtstag am 11. September 1970, hrsg. v. Dino Larese und Hermann Strehler, St. Gallen 1970, S. 57-62

Jähnig, Dieter: Philosophie und Weltgeschichte bei Schelling, in: Studia Philosophica, 30/31, 1972

Jost, Johannes: Die Bedeutung der Weltseele in der Schelling'schen Philosophie im Vergleich mit der platonischen Lehre, Diss. Bonn 1929

Klumbies, Gerhard: Der Evolutionsgedanke im klassischen Jena, in: Philosophie und Humanismus. Beiträge zum Menschenbild der deutschen Klassik, hrsg. v. Erhard Lange, (= Collegium philosophicum Jenense, Heft 2), Weimar 1978, S. 107-112

Knittermeyer, Hinrich: Schelling und die romantische Schule, München 1929

Koeber, Raphael: Die Grundprinzipien der Schelling'schen Naturphilosophie, in: Sammlung gemeinverständlicher Vorträge, hrsg. v. Rud. Virchow und Fr. v. Holtzendorff, 16. Serie, Heft 381, Berlin 1881

Körner, Josef: Vom Wesen und Werden der Romantik, in: Xenien, Juli 1914, S. 397-409

Kondylis, Panajotis: Die Entstehung der Dialektik. Eine Analyse der geistigen Entwicklung von Hölderlin, Schelling und Hegel bis 1802, Stuttgart 1979

Krings, Hermann: System und Freiheit. Beitrag zu einem ungelösten Problem, in: Ist systematische Philosophie möglich? Stuttgarter Hegel-Kongreß 1975, hrsg. v. Dieter Henrich, (= Hegel-Studien, Beiheft 17), Bonn 1977, S. 35-52

Kühn, Alfred: Biologie der Romantik, in: Romantik. Ein Zyklus Tübinger Vorlesungen, hrsg. v. Theodor Steinbüchel, Tübingen/Stuttgart 1948, S. 213-234 zu Schelling

Lukács, Georg: Die Zerstörung der Vernunft, Bd. 1: Irrationalismus zwischen den Revolutionen, Darmstadt 1973[2], S. 84-171 zu Schellings Irrationalismus

Materialien zu Schellings philosophischen Anfängen, hrsg. v. Manfred Frank und Gerhard Kurz, Frankfurt a. M. 1975

Mehlis, Georg: Die deutsche Romantik, München 1922

Mehlis, Georg: Schellings Geschichtsphilosophie in den Jahren 1799-1804, gewürdigt vom Standpunkt der modernen geschichtsphilosophischen Problembildung, Diss. Heidelberg 1906

Mende, Erich: Der Einfluß von Schellings „Princip" auf Biologie und Physik der Romantik, in: Philosophia Naturalis. Archiv für Naturphilosophie und die philosophischen Grenzgebiete der exakten Wissenschaften und Wissenschaftsgeschichte, 15 (1975) 4, S. 461-485

Mende, Erich: Die Entwicklungsgeschichte der Faktoren Irritabilität und Sensibilität in deren Einfluß auf Schellings „Princip" als Ursache des Lebens, in: Philosophia Naturalis. Archiv für Naturphilosophie und die philosophischen Grenzgebiete der exakten Wissenschaften und Wissenschaftsgeschichte, 17 (1979), S. 327-348

Mende, Erich: Schellings Hypothese eines organischen Ursprunges des Weltsystems und die Beobachtungen der Spiralnebel durch Edwin P. Hubble, in: Philosophia Naturalis. Archiv für Naturphilosophie und die philosophischen Grenzgebiete der exakten Wissenschaften und Wissenschaftsgeschichte, 16 (1976/77), S. 437-444

Merleau-Ponty, Maurice: Der Naturbegriff, in: Materialien zu Schellings philosophischen Anfängen, hrsg. v. Manfred Frank und Gerhard Kurz, Frankfurt a. M. 1975, S. 280-291

Metzger, Wilhelm: Schelling und die biologischen Grundprobleme, in: Archiv für die Geschichte der Naturwissenschaften und Technik, Leipzig (1909) 2, S. 159-182

Müller, Ludolf: Schellings Einfluß in Rußland. Sergé A. Júrjev und Vladimir S. Solovjév, in: Archiv für Philosophie, 3 (1949), 1, S. 53-81

Nolte, Peter: Bemerkungen zum Verhältnis des Chemikers Schönbein zu Schelling, in: Deutsche Zeitschrift für Philosophie, 28 (1980) 6, S. 746-758

Pälike, Dieter: Wissenschaftstheoretische Aspekte in Schellings naturphilosophischer Interpretation der Chemie, in: Die Philosophie des jungen Schelling. Beiträge zur Schelling-Rezeption in der DDR, (= Collegium philosophicum Jenense, Heft 1), hrsg. v. Erhard Lange, Weimar 1977, S. 114-131

Die Philosophie des jungen Schelling. Beiträge zur Schelling-Rezeption in der DDR, hrsg. v. Erhard Lange, (= Collegium philosophicum Jenense, Heft 1), Weimar 1977

Pieper, Annemarie: Schellings Wirkung im Überblick , in: Schelling. Einführung in seine Philosophie, hrsg. v. Hans Michael Baumgartner, Freiburg/München 1975, S. 139-150

Risse, Guenter B.: Kant, Schelling and the Early Search for a Philosophical — ‚Science‘ of Medicine in Germany, in: Journal of the History of Medicine, 27 (1972) 2, S. 145-158

Rothschuh, Karl Eduard: Physiologie. Der Wandel ihrer Konzepte, Probleme und Methoden vom 16. bis 19. Jahrhundert. Freiburg, München 1968, S. 191-203 zu Schelling

Ruben, Peter: Zur Kritik der romantischen Naturphilosophie Schellings, in: Die Philosophie des jungen Schelling. Beiträge zur Schelling-Rezeption in der DDR, (= Collegium philosophicum Jenense, Heft 1), Weimar 1977, S. 132-140

Sandkühler, Hans Jörg: Dialektik der Natur — Natur der Dialektik. Schelling in der widersprüchlichen Entwicklung der klassischen bürgerlichen Philosophie zwischen Materialismus und Idealismus, in: Ist systematische Philosophie noch möglich? Stuttgarter Hegel-Kongreß 1975, hrsg. v. Dieter Henrich, (= Hegel-Studie, Beiheft 17), Bonn 1977, S. 141-158

Sandkühler, Hans Jörg: Friedrich Wilhelm Joseph Schelling, Stuttgart 1970

Sandkühler, Hans Jörg (Hrsg.): Natur und geschichtlicher Prozeß. Studien zur Naturphilosophie F. W. J. Schellings, Frankfurt a. M. 1984

Schertel, Ernst: Schelling und der Entwicklungsgedanke, in: Zoologische Annalen. Zeitschrift für Geschichte der Zoologie, Würzburg, 4 (1912) 4, S. 312-321

Schilling, Kurt: Natur und Wahrheit. Untersuchungen über Entstehung und Entwicklung des Schellingschen Systems bis 1800, München 1934

Schimank, Hans: Julius Robert Mayer (1814-1878). Sein Weg zur Erkenntnis und Darstellung des Energieprinzips, in: Deutsches Museum. Abhandlungen und Berichte, 33 (1965) 3, S. 25-61

Schleiden, Matthias Jacob: Schelling's und Hegel's Verhältniss zur Naturwissenschaft. (Als Antwort auf die Angriffe des Herrn Nees von Esenbeck in der Neuen Jenaer Lit.-Zeitung, Mai 1843, insbesondere für die Leser dieser Zeitschrift.), Leipzig 1844

Schneiter, Rudolf: Schellings Gesetz der Polarität, Winterthur 1968

Schulz, Walter: Freiheit und Geschichte in Schellings Philosophie, in: Schellings Philosophie der Freiheit. Zeitschrift der Stadt Leonberg zum 200. Geburtstag des Philosophen, Stuttgart 1977, S. 23-46

Seidel, H./*Kleine,* L.: Schelling und seine Stellung innerhalb der klassischen deutschen Philosophie, in: Friedrich Wilhelm Joseph Schelling. Frühschriften. Eine Auswahl in zwei Bänden, hrsg. v. H. Seidel u. L. Kleine, Berlin 1971

Setschkaroff, Wsewolod: Schelling in Rußland, in: Geistige Arbeit. Zeitung aus der wissenschaftlichen Welt, Berlin, 5 (1938) 21, S. 9 f.

Sobotka, Milan: Schellings Beitrag zur Philosophie der „tätigen Seite", in: Wissenschaftliche Zeitschrift der Friedrich-Schiller-Universität Jena, 25 (1976) 1, S. 63-67

Snelders, H. A. M.: De houding van Alexander von Humboldt tegenover de filosofie van Kant en Schelling, in: Scientiarum Historia, XI (1969), S. 17-37

Spaemann, Robert/*Löw,* Reinhard: Die Frage Wozu? Geschichte und Wiederentdeckung des teleologischen Denkens, München/Zürich 1981, zu Schelling S. 152-160

Stefansky, Georg: Das Wesen der deutschen Romantik, Stuttgart 1923

Sternburg, Kurt: Schelling, der Philosoph der Romantik, in: Archiv für Rechts- und

Wirtschaftsphilosophie mit besonderer Berücksichtigung der Gesetzgebungs-fragen, 22 (1929) 4, S. 535-543

Szilasi, Wilhelm: Schellings Anfänge und die Andeutung seines Anliegens, in: ders., Philosophie und Naturwissenschaft, München 1961, S. 76-96

Szilasi, Wilhelm: Schellings Beitrag zur Philosophie des Lebens, in: ders., Philosophie und Naturwissenschaft, München 1961, S. 52-75

Tiliette, Xavier (Hrsg.): Schelling im Spiegel seiner Zeitgenossen, Torino 1974

Wentscher, Else: Geschichte des Kausalproblems in der neueren Philosophie, Leipzig 1921; zu Schelling S. 185-205

Werner, Arthur: Schellings Verhältnis zur Medizin und Biologie, Diss. Leipzig 1909

Wieland, Wolfgang: Die Anfänge der Philosophie Schellings und die Frage nach der Natur, in: Natur und Geschichte. Karl Löwith zum 70. Geburtstag, hrsg. v. H. Braun und M. Riedel, Stuttgart 1967

Winderlich, Rudolf: Schelling und die Chemie, in: Chemiker-Zeitung, Köthen, 63 (1939) 86, S. 680 f.

Zeltner, Hermann: Gleichgewicht als Seinsprinzip. Schellings Philosophie des Gleich-gewichts, in: Studium Generale, Berlin, 14 (1961) 9, S. 495-508

Zeltner, Hermann: Schelling-Forschung seit 1954, Darmstadt 1975

Zöckler, Karl: Der Entwicklungsgedanke in Schellings Naturphilosophie, Diss. Gießen 1915, (= Archiv für Philosophie, hrsg. v. Ludwig Stein, I. Abteilung: Archiv für Geschichte der Philosophie, Neue Folge, Bd. 21, Heft 3), S. 257-296

Literatur zur Wissenschaftsgeschichte des 18. und 19. Jahrhunderts

Benton, E.: Vitalism in the Nineteenth Century Scientific Thought. A Typology and Reassessment, in: Studies in History and Philosophy of Sciences, 5 (1974), S. 17-48

Bernoulli, Daniel: Über das Leben. Eine akademische Festrede gehalten am 4. Okto-ber 1737, mit deutscher Übersetzung u. geschichtlichen Beiträgen, hrsg. v. O. Spiess u. F. Verzàr, in: Zwei Beiträge zur Geschichte der Naturwissenschaft, hrsg. v. der Naturforschenden Gesellschaft in Basel, Basel 1941

Berzelius, Jöns Jakob: Reiseerinnerungen aus Deutschland, Weinheim 1948

Caneva, Kenneth L.: Conceptual and Generational Change in German Physics: The Case of Electricity 1800-1846, Diss. Princeton 1975

Caneva, Kenneth L.: From Galvanism to Electrodynamics: The Transformation of German Physics and Social Context, in: Historical Studies in the Physical Sciences, 9 (1978), S. 63-159

Carus, Carl Gustav: Natur und Idee oder das Werdende und sein Gesetz. Eine philo-sophische Grundlage für die specielle Naturwissenschaft, Wien 1861

Culotta, Charles A.: German Biophysics. Objective Knowledge and Romanticism, in: Historical Studies in the Physical Sciences, 4 (1975), S. 3-38

Dannemann, Friedrich: Vom Werden der naturwissenschaftlichen Probleme. Grundriß einer Geschichte der Naturwissenschaften, Leipzig 1928

Darwin, Charles R.: On the origin of species by means of natural selection , or the preservation of favoured races in the struggle for life, London 1859

Daub, E.: Entropy and Dissipation, in: Historical Studies in the Physical Sciences, 2 (1970), S. 321-354

Einstein, Albert/*Infeld*, Leopold: Die Evolution der Physik, Wien 1950

Elkana, Y.: The Discovery of the Conservation of Energy, London 1974

Engelhardt, Dietrich von: Historisches Bewußtsein in der Naturwissenschaft von der Aufklärung bis zum Positivismus, Freiburg/München 1979

Engelhardt, Dietrich von: Die Konzeption der Forschung in der Medizin des 19. Jahrhunderts, in: Konzeption und Begriff der Forschung in den Wissenschaften des 19. Jahrhunderts. Referate und Diskussionen des 10. wissenschaftstheoretischen Kolloquiums 1975, hrsg. v. Alwin Diemer, (= Studium zur Wissenschaftstheorie, hrsg. v. A. Diemer, Bd. 12), Meisenheim am Glan 1978, S. 58-103

Engelhardt, Dietrich von: Bibliographie der Sekundärliteratur zur romantischen Naturforschung und Medizin 1950-1975, in: R. Brinkmann, (Hrsg.), Romantik in Deutschland, Stuttgart 1978, S. 307-330

Engelmann, Wilhelm: Verzeichnis der Bücher über Naturgeschichte, welche in Deutschland, Skandinavien, Holland, England, Frankreich, Italien und Spanien in den Jahren 1700-1846 erschienen sind, Bd. 1, Leipzig 1846

Fierz-David, H. E.: Die Entwicklungsgeschichte der Chemie. Eine Studie, Basel 1952[2] (1. Aufl. 1945)

Geschichte der Gesellschaft Deutscher Naturforscher und Ärzte, hrsg. v. Max Pfannenstiel, Berlin/Göttingen/Heidelberg 1958

Gode-von Aesch, Alexander: Natural Science in German Romanticism, New York 1966

Günther, Siegmund: Geschichte der anorganischen Naturwissenschaften im neunzehnten Jahrhundert, Berlin 1901

Hennemann, Gerhard: Der dänische Physiker Hans Christian Oersted und die Naturphilosophie der Romantik, in: Philosophia Naturalis. Archiv für Naturphilosophie und die philosophischen Grenzgebiete der exakten Wissenschaften und Wissenschaftsgeschichte, 10 (1967/68), S. 112-132

Hermann, Arnim: Die Begründung der Elektrochemie, Frankfurt a. M. 1968

Hermann, Arnim: Der Kraftbegriff bei Michael Faraday und seine historische Wurzel, in: Wissenschaft, Wirtschaft und Technik. Studien zur Geschichte. Wilhelm Treue zum 60. Geburtstag, hrsg. v. Karl-Heinz Manegold, München 1969, S. 469-476

Hermann, Arnim: Lexikon Geschichte der Physik A-Z. Biographien, Sachwörter, Originalschriften und Sekundärliteratur, Köln 1972

Heuschele, Otto: Geisteserbe aus Schwaben 1700-1900, Stuttgart 1951[2]

Hoppe, Brigitte: Polarität, Stufung und Metamorphose in der spekulativen Biologie der Romantik, in: Naturwissenschaftliche Rundschau, 20 (1967) 9, S. 380-383

Hoppe, Brigitte: Umbildungen der Forschung in der Biologie im 19. Jahrhundert, in: Konzeption und Begriff der Forschung in den Wissenschaften des 19. Jahrhunderts. Referate und Diskussionen des 10. wissenschaftstheoretischen Kolloquiums 1975, hrsg. v. Alwin Diemer (= Studien zur Wissenschaftstheorie, hrsg. v. A. Diemer, Bd. 12), Meisenheim am Glan 1978, S. 104-188

Hund, Friedrich: Geschichte der physikalischen Begriffe, Mannheim 1972

Kleinert, Andreas: Physik im 19. Jahrhundert, Darmstadt 1980

Klinckowstroem, Carl Graf von: Johann Wilhelm Ritter und der Elektromagnetismus, in: Archiv für die Geschichte der Naturwissenschaft und der Technik, IX (1922), S. 68 ff.

Kuznecov, B. G.: Von Galilei bis Einstein. Entwicklung der physikalischen Ideen, Berlin 1970 (russ. Originaltext 1966)

Laplace, Pierre Simon de: Philosophischer Versuch über die Wahrscheinlichkeit, hrsg. v. R. v. Mises, Leipzig 1932 (orig. 1814)

Leibbrand, Werner: Die spekulative Medizin der Romantik, Hamburg 1956

Lenoir, Timothy: The Strategy of Life. Teleology and Mechanics in Nineteenth Century German Biology, Dordrecht 1982

Lepenies, Wolf: Das Ende der Naturgeschichte. Wandel kultureller Selbstverständlichkeiten in den Wissenschaften des 18. und 19. Jahrhunderts, Frankfurt a. M. 1978

Liebig, Justus von: Ueber das Studium der Naturwissenschaften und über den Zustand der Chemie in Preußen 1840, in: ders., Reden und Abhandlungen, Leipzig/Heidelberg 1874, S. 7-36

Mason, Stephen F.: Geschichte der Naturwissenschaft in der Entwicklung ihrer Denkweisen, Stuttgart 1974

Mayer, Robert: Sein Leben und Werk in Dokumenten, hrsg. v. Helmut Schmolz und Hubert Weckbach, Weißenborn 1964

Mayr, Ernst: The Growth of Biological Thought. Diversity, Evolution, and Inheritance, Cambridge, London 1982

Meyer-Abich, Adolf: Biologie der Goethezeit. Klassische Abhandlungen über die Grundlagen und Hauptprobleme der Biologie von Goethe und den großen Naturforschern seiner Zeit: Georg Forster, Alexander v. Humboldt, Lorenz Oken, Carl Gustav Carus, Karl Ernst v. Baer und Johannes Müller, Stuttgart 1949

Meyer-Abich, Adolf: Geistesgeschichtliche Grundlagen der Biologie, Stuttgart 1963

Novis, Heribert M.: Frühneuzeitliche Verständnisweisen der Natur und ihr Wandel bis zum 18. Jahrhundert, in: Archiv für Begriffsgeschichte, (1967) 11, S. 37-58

Nowikoff, Michael: Grundzüge der Geschichte der biologischen Theorien. Werdegang der abendländischen Lebensbegriffe, München 1949

Oldenburg, Dieter: Romantische Naturphilosophie und Arzneimittellehre 1800-1840, Braunschweig 1979

Philosophie und Naturwissenschaften, Wörterbuch zu den philosophischen Fragen der Naturwissenschaften, hrsg. v. H. Hörz, R. Löther, S. Wollgast, Berlin 1978

Reil, Johann Christian: Von der Lebenskraft (1795). Klassiker der Medizin, hrsg. v. Karl Sudhoff, Bd. II., Leipzig 1910

Rothschuh, Karl Eduard: Ansteckende Ideen in der Wissenschaftsgeschichte, gezeigt an der Entstehung und Ausbreitung der romantischen Physiologie, in: Dtsch. med. Wrsch., 86 (1961), S. 396-402

Rothschuh, Karl Eduard: Geschichte der Physiologie (= Lehrbuch der Physiologie, hrsg. v. Wilhelm Tendelenburg u. Erich Schütz) Berlin, Göttingen, Heidelberg 1953, S. 94-100

Schimank, Hans: Die Physik des 19. Jahrhunderts. Geistesgeschichtliche Züge ihres Bildes und ihre Entwicklung zumal in Deutschland, in: Die Naturwissenschaften, 34 (1947) 1, S. 2-10

Schimank, Hans: Die Wandlung des Begriffs „Physik" während der ersten Hälfte des 18. Jahrhunderts, in: Wissenschaft, Wirtschaft und Technik. Studien zur Geschichte. Wilhelm Treue zum 60. Geburtstag, hrsg. v. Karl-Heinz Manegold, München 1969, S. 454-468

Schmidt, Heinrich: Geschichte der Entwicklungslehre, Leipzig 1918

Snelders, H. A. M.: Romanticism and Naturphilosophie and the Inorganic Natural Sciences 1797 - 1840. An Introductory Survey, in: Studies in Romanticism, 9 (1970), S. 193-215

Stahl, Georg Ernst: Oevres médico-philosophiques et pratique, Bd. II, Montpellier 1861

Steffens, Heinrich: Beyträge zur inneren Naturgeschichte der Erde, 1. Teil, Freyberg 1801

Steffens, Heinrich: Grundzüge der philosophischen Naturwissenschaft, Berlin 1806

Szilasi, Wilhelm: Philosophie und Naturwissenschaft, München 1961

Teichmann, Jürgen: Zur Entwicklung von Grundbegriffen der Elektrizitätslehre, insbesondere des elektrischen Stromes bis 1820, Hildesheim 1974

Tricker, R. A. R.: Frühe Elektrodynamik. Das erste Stromgesetz, Braunschweig 1974 (orig.: Early Electrodynamics, Oxford 1965)

Walden, Paul: Einfluß der Romantik auf die exakten Naturwissenschaften, in: Romantik. Ein Zyklus Tübinger Vorlesungen, hrsg. v. Theodor Steinbüchel, Tübingen/Stuttgart 1948, S. 195-212

Wege der Naturforschung 1822-1972 im Spiegel der Versammlungen Deutscher Naturforscher und Ärzte, hrsg. v. Hans Querner und Heinrich Schipperges, Berlin/Heidelberg/New York 1972

Wise, M. Norton: German Concepts of Forth, Energy, and the Electrodynamic Ether, 1845-1880, in: Conceptions of Ether. Studies in the History of Ether Theories, 1740-1900, Cambridge 1981

Wuketits, Franz M.: Kausalitätsbegriff und Evolutionstheorie. Die Entwicklung des Kausalitätsbegriffes im Rahmen des Evolutionsgedankens, Berlin 1980

Zimmermann, Walter: Evolution. Die Geschichte ihrer Probleme und Erkenntnisse, Freiburg i. B. 1954

Literatur zur modernen Theorie der Selbstorganisation

Audouze, J./*Vauclair*, S.: Die Entstehung der Elemente. Einführung in die Nuklear-Astrophysik, Stuttgart 1974

Bayertz, Kurt (Hrsg.): Wissenschaftsgeschichte und wissenschaftliche Revolution, Köln 1981

Benesch, Hellmuth: Der Ursprung des Geistes. Wie entstand unser Bewußtsein — wie wird Psychisches in uns hergestellt, (überarb. Ausgabe) München 1980^2, 1. Aufl. Stuttgart 1977

Berckhemer, Hans: Die Entwicklung der Erdrinde, in: Naturwissenschaften, 68 (1981) 6, S. 323-327

Beßerdich, H./*Kahrig*, E.: Dissipative Strukturen in Physik und Biologie, in: Wissenschaft und Fortschritt, 26 (1976) 9, S. 386-390

Bosshard, Stefan Niklaus: Erschafft die Welt sich selbst? Die Selbstorganisation von Natur und Mensch aus philosophischer und theologischer Sicht, Freiburg/Basel/Wien 1985

Capra, Fritjof: Wendezeit: Bausteine für ein neues Weltbild, München 1983

Descombes, Vincent: Das Selbe und das Andere. Fünfundvierzig Jahre Philosophie in Frankreich 1933-1978, Suhrkamp 1981 (orig. Paris 1979)

Darwin und die Evolutionstheorie. Redaktion Kurt Bayertz, Bernhard Heidtmann, Hans-Jörg Rheinberger (= Dialektik. Beiträge zu Philosophie und Wissenschaften, hrsg. v. Hans Heinz Holz, Hans Jörg Sandkühler, Bd. 5), Köln 1982

Diederich, Werner (Hrsg.): Theorien der Wissenschaftsgeschichte, Frankfurt a. M. 1974

Ebeling, Werner: Strukturbildung bei irreversiblen Prozessen. Eine Einführung in die Theorie dissipativer Strukturen, Leipzig 1976

Ebeling, Werner: Wie können Strukturen spontan entstehen?, in: Wissenschaft und Fortschritt, 26 (1976) 7, S. 309-313

Edgerton, Harald E./*Killiam*, James R., jr.: Moments of Vision. The Stroboscopic Revolution in Photography, Massachusetts/Cambridge/London 1979

Eigen, Manfred: Goethe und das Gestaltproblem in der modernen Biologie, in: Rückblick auf die Zukunft. Beiträge zur Lage in den achtziger Jahren, hrsg. v. Hans Rössner, Berlin 1981, S. 209-255

Eigen, Manfred/*Schuster*, Peter: The Hypercycle. A Principle of Natural Self-Organization, Heidelberg/Berlin/New York 1979

Eigen, Manfred: Selforganization of Matter and the Evolution of Biological Macromolecules, in: Naturwissenschaften, 58 (1971) 10, S. 465-523

Eigen, Manfred/*Winkler*, Ruthild: Das Spiel. Naturgesetze steuern den Zufall, München, Zürich 1978^2

Evolution, hrsg. v. Joachim-Hermann Scharf, (= Nova Acta Leopoldina), Halle 1975

Fabrizi, E.: Ein Denkmodell der universellen Evolution, in: Philosophia Naturalis, 15 (1975), S. 191-217

Field, George B./*Verschuur*, Gerrit L./*Ponnamperuma*, Cyril: Cosmic Evolution: An Introduction to Astronomy, Boston 1978

Fuchs-Kittowski, Klaus/*Rosenthal,* Hans-Alfred: Selbstorganisation und Evolution, in: Wissenschaft und Fortschritt, 22 (1972), S. 308-312, neuabgedruckt in: Molekularbiologie, Medizin, Philosophie, Wissenschaftsentwicklung — Essays, hrsg. v. Samuel Mitja Rapoport, Berlin 1978, S. 208-209

Gierer, Alfred: Physik der biologischen Gestaltbildung, in: Naturwissenschaften, 68 (1981), S. 245-251

Grossmann, Siegfried: Deterministisches Chaos, in: Naturwissenschaften 68 (1981) 6, S. 300-306

Gutmann, Wolfgang Friedrich/*Bonik,* Klaus: Kritische Evolutionstheorie, Hildesheim 1981

Haerendel, Gerhard: Gestaltbildung durch Instabilität, in: Naturwissenschaften, 68 (1981) 6, S. 314-322

Hahn, Hermann-Michael: Saturn, in: Naturwissenschaftliche Rundschau, 34 (1981) Aug., S. 319-327

Hahn, Manfred/*Sandkühler,* Jörg (Hrsg.): Gesellschaftliche Bewegung und Naturprozeß, (= Studien zur Wissenschaftsgeschichte des Sozialismus, Bd. 3), Köln 1981

Hoppe, Brigitte: Die Evolutionstheorie im deutschen Sprachgebiet. Zur wissenschaftlichen, epistemologischen und wissenschaftshistorischen Auseinandersetzung im vergangenen Jahrzehnt, in: Hist. Phil. Life Sci., 7 (1985), S. 121-147

Hörz, Herbert/*Wessel,* Karl-Friedrich: Philosophische Entwicklungstheorie. Weltanschauliche, erkenntnistheoretische und methodologische Probleme der Naturwissenschaften, Berlin 1983

Jaeckle, Erwin: Vom sichtbaren Geist. Naturphilosophie, Stuttgart 1984

Jantsch, Erich: Die Selbstorganisation des Universums. Vom Urknall zum menschlichen Geist, München/Wien 1979

Junge, Christian: Die Entwicklung der Erdatmosphäre und ihre Wechselbeziehung zur Entwicklung der Sedimente und des Lebens, in: Naturwissenschaften, 68 (1981) 6, S. 236-244

Kanitscheider, Bernulf: Singularitäten, Horizonte und das Ende der Zeit, in: Philosophia Naturalis, 16 (1976/77), S. 480-511

Kanitscheider, Bernulf: Wissenschaftstheorie der Naturwissenschaft, Berlin, New York 1981

Krueger, Franz R: Physik und Evolution. Physikalische Ansätze zu einer Einheit der Naturwissenschaften auf evolutiver Grundlage, Berlin/Hamburg 1984

Kuhn, Hans: Modellbetrachtungen zur Frage der Entstehung des Lebens, in: Jahrbuch der Max-Planck-Gesellschaft, 1973, S. 104-130

Kuhn, Hans: Zur Evolution eines sich selbst organisierenden präbiotischen Systems, in: Evolution, hrsg. v. Joachim-Hermann Scharf, (= Nova Acta Leopoldina, Nr. 218, Bd. 42), Halle (Saale) 1975, S. 149-164

Kuhn, Thomas S.: Die Struktur wissenschaftlicher Revolutionen, Frankfurt a. M. 1978[2]

Lüth, Paul: Der Mensch ist kein Zufall. Umrisse einer modernen Anthropologie, Stuttgart 1981

Markl, Hubert (Hrsg.): Natur und Geschichte, München 1983

Maturana, Humberto R.: Erkennen: Die Organisation und Verkörperung von Wirklichkeit. Ausgewählte Arbeiten zur biologischen Epistemologie, Braunschweig 1985²

Meixner, J.: Thermodynamik der Vorgänge in einfachen fluiden Medien und die Charakterisierung der Thermodynamik irreversibler Prozesse, in: Zeitschrift für Physik, 219 (1969), S. 79-104

Monod, Jacques: Zufall und Notwendigkeit, München 1971

Muschik, Wolfgang: Thermodynamische Theorien irreversibler Prozesse, in: Umschau in Wissenschaft und Technik, 73 (1973) 7, S. 203-206

Näser, Karl-Heinz: Physikalische Chemie für Techniker und Ingenieure, Leipzig 1969

Oparin, Andreas I.: Origin of Life, New York 1953 (original: Moskau 1938)

Peitgen, Heinz-Otto/*Richter,* Peter H.: Morphologie komplexer Grenzen. Bilder aus der Theorie dynamischer Systeme, Bremen 1984 (Heft zu einer Ausstellung vom 27. Mai - 9. Juni 1984 in Bonn)

Philosophie und Naturwissenschaften. Wörterbuch zu den philosophischen Fragen der Naturwissenschaften, hrsg. v. Herbert Holz, Rolf Löther, Siegfried Wollgast, Berlin 1978

Poincaré, Henri: Der Wert der Wissenschaft, Berlin/Leipzig 1921³

Poincaré, Henri: Der Zufall, in: Wissenschaft und Methode, Leipzig/Berlin 1914, S. 53-79

Rehberg, Ingo: Phasenübergänge und hydrodynamische Instabilitäten, in: Physik in unserer Zeit, 12 (1981) 5, S. 131-146

Rensch, Bernhard: Das universale Weltbild. Evolution und Naturphilosophie, Frankfurt 1977

Riedl, Rupert: Biologie der Erkenntnis. Die stammesgeschichtlichen Grundlagen der Vernunft, Berlin 1980

Riedl, Rupert: Die Strategie der Genesis. Naturgeschichte der realen Welt, München/ Zürich 1976

Rosenthal, Sinaida/*Fuchs-Kittowski,* Klaus/*Rosenthal,* Hans-Alfred/*Rapoport,* Samuel Mitja: Überlegungen zu den molekularbiologischen Grundlagen der Widerspiegelung, in: Deutsche Zeitschrift für Philosophie 24 (1976) 6, S. 674-685

Ruben, Peter: Dialektik und Arbeit der Philosophie, Köln 1978

Schäfer, G./*Dehnen,* H.: The Origin of Matter in the Universe, in: Astronomie and Astrophysics, 54 (1977), S. 823-836

Schopper, Herwig: Die jüngste Entwicklung des Bildes von der Grundstruktur der Materie, in: Naturwissenschaften, 68 (1981), S. 307-313

Schroedinger, Erwin: Was ist Leben? Die lebende Zelle mit den Augen des Physikers betrachtet, München 1951² (orig. Cambridge 1944)

Schuster, Peter: Structure of Liquids, Berlin 1975

Tödheide, K.: Materie im überkritischen Zustandsbereich, in: Naturwissenschaften, 57 (1970) 2, S. 72-82

Unsöld, Albrecht: Evolution kosmischer, biologischer und geistiger Strukturen, Stuttgart 1981

Wassersug, R. J./*Rose*, M. R.: A Reader's Guide and Retrospective to the 1982 Darwin Centennial, in: The Quarterly Review of Biology, 59 (1984) 4, S. 417-437

Weinberg, Steven: Die ersten drei Minuten. Der Ursprung des Universums, München 1971

Wilder Smith, Arthur, E.: **Die Naturwissenschaften kennen keine Evolution. Empirische und theoretische Einwände gegen die Evolutionstheorie**, Basel/Stuttgart 1980³ (1./2. Aufl. 1978)

Winfree, Arthur T.: The Geometry of Biological Time, (= Biomathematics, Vol. 8), New York/Heidelberg/Berlin 1980

Die Zeit und das Leben. Chronobiologie, hrsg. v. Joachim-Hermann Scharf u. Heinz v. Mayersbach, Halle 1977 (= Nova Acta Leopoldina Nr. 225, Bd. 46)

Zeleny, Milan: Self-Organization of Living System, in: International Journal of General Systems, 4 (1977), S. 13-28

Personenregister

Über die Verfasserin:

Geboren am 7. 6. 1954 in Bensberg; Abitur 1974 in Herchen/Sieg; Studium der Fächer Philosophie, Geschichte und Physik an der Universität Düsseldorf; Erstes Staatsexamen für das Lehramt am Gymnasium 1982; Promotion 1984; Mitautorin des Buches: Technik, Ingenieure und Gesellschaft, Düsseldorf 1981; z. Zt. Lehrbeauftragte am Philosophischen Institut Düsseldorf.

Printed by Libri Plureos GmbH
in Hamburg, Germany